名师名校名校长

凝聚名师共识
固定名师关怀
打造名师品牌
培育名师群体

张奶远题

广州市番禺区大龙街金海岸幼儿园课程建设

"和悦"视域下的幼儿园课程实践与探索

李雪梅 / 主编

辽宁大学出版社
Liaoning University Press

图书在版编目（CIP）数据

"和悦"视域下的幼儿园课程实践与探索/李雪梅
主编. —沈阳：辽宁大学出版社，2022.11
（名师名校名校长书系）
ISBN 978-7-5698-0761-5

Ⅰ.①和… Ⅱ.①李… Ⅲ.①幼儿园－课程－教学研
究 Ⅳ.①G612

中国版本图书馆 CIP 数据核字（2022）第 092345 号

"和悦"视域下的幼儿园课程实践与探索
"HEYUE" SHIYU XIA DE YOU'ERYUAN KECHENG SHIJIAN YU TANSUO
_____

出 版 者：辽宁大学出版社有限责任公司
　　　　　　（地址：沈阳市皇姑区崇山中路 66 号　　邮政编码：110036）
印 刷 者：沈阳海世达印务有限公司
发 行 者：辽宁大学出版社有限责任公司
幅面尺寸：170mm×240mm
印　　张：16.25
字　　数：260 千字
出版时间：2022 年 11 月第 1 版
印刷时间：2022 年 11 月第 1 次印刷
责任编辑：李珊珊
封面设计：高梦琦
责任校对：郭　玲
_____

书　　号：ISBN 978-7-5698-0761-5
定　　价：68.00 元

联系电话：024-86864613
邮购热线：024-86830665
网　　址：http://press.lnu.edu.cn
电子邮件：lnupress@vip.163.com

编 委 会

序 言

　　园本课程热已经持续了很多年，但人们对于园本课程的认识却一直是见仁见智。分歧的焦点主要体现在两个方面：一是园本课程开发的主体问题。园本课程是幼儿园自己开发的课程还是适合自己幼儿园的课程。二是园本课程范畴问题。园本课程是特色课程还是幼儿园开展的所有课程。最终，关于园本课程，人们达成了共识：园本课程一定是适合自己幼儿园资源、特点的课程。《教育学名词（2013）》的界定如下：园本课程就是按照国家和地方相关文件精神，根据幼儿园和当地社区的实际条件，进行课程选择、重组与整合而形成的适合本幼儿园特点的课程。我认同该观点。我认为，首先，要给幼儿园权利，在国家文件精神的引领下，赋予幼儿园可以根据本地社区和幼儿园实际条件选择园本课程的权利。其次，园本课程不一定是自主开发完全创新的，幼儿园可以根据自己的实际情况自主开发或者对其他课程进行选择、重组和整合。此外，园本课程不仅仅是特色课程，还应该是幼儿园逐渐形成的、适合幼儿园并保证幼儿全面和谐发展的全部课程，是融合了基础课程和特色课程的完整课程。之所以这么认为，主要是因为某些幼儿园自己开发的园本课程多以特色课为主，这不能促进幼儿的全面和谐发展，不能很好地实现《3—6岁儿童学习与发展指南》（以下简称《指南》）的全部目标。然而，当我看了广州市番禺区大龙街金海岸幼儿园的"和悦"课程之后，欣赏之感油然而生。

　　广州市番禺区大龙街金海岸幼儿园的"和悦"课程以园本文化为底蕴，秉承着"构建和悦家园，点亮幸福童年"的办园理念，其课程具有以下几个特点：① 全面。课程分为"人与自我""人与自然""人与社会""墨美童真"四个模块，通过四个模块促进幼儿全面和谐发展，既可以实现《指南》目标，也可以把握幼儿发展的关键，即人与自我、人与自然、人与社会，并通过"墨美童真"培根铸魂。② 顶层设计良好。课程将理论和实践有机结合，从幼儿园的发展状况、园所文化、课程理念依据、课程目标体系、课程内容、课程组织形式、课程实施模式、课程评价、课程管理等层面构建"和悦"课程体系，具有较好的顶层设计。③项目式活动形式。以项目式学习模式（Project-Based Learning，PBL）促进幼儿的深度学习。根据幼儿的年龄认知特征，以幼儿的兴趣为出发点，以幼儿的问题为导向，倾听幼儿，理解幼儿，关注幼儿的感受和体验，调动幼儿的积极性、主动性、探索性，以问题链的形式推进幼儿的深度学习。此外，该课程还通过多维度的全面评价，为课程决策和改革提供客观依据。

非常感谢李雪梅园长带领她的同事们所研发的"和悦"课程，该课程让我们看到了幼儿园教师的课程研发能力，感受到他们为幼儿全面和谐发展所做出的努力。相信这来自广州市番禺区大龙街金海岸幼儿园"和悦"课程的探索，一定可以为园本课程研发提供范例和借鉴。

叶平枝

2022年2月26日

前　言

　　幼儿园课程是实现幼儿园理念和目标的桥梁。我们一直探索适宜幼儿发展的课程模式，整个探究过程，是我们理念凝结的过程，是办园特色形成的过程，同时也是文化内涵积淀的过程。基于对高质量幼儿教育的执着追求，我园一直紧扣"和悦"发展的价值取向，把"和""悦"作为核心的园所文化并与课程有效融合，构建"和悦"课程体系。"和悦"课程是在充分挖掘办园理念的基础上，以"墨美童真"为课程特色，以"构建和悦家园，点亮幸福童年"为课程理念，以"以和启智、以悦润心、以和创美、以悦至合"为课程目标，以多样化形式为载体实施的园本课程。

　　"和悦"课程分为"人与自我""人与自然""人与社会""墨美童真"四个模块，根据幼儿的年龄认知特征，以幼儿的兴趣为出发点，以幼儿的问题为导向，围绕核心理念思考和树立正确的儿童观、游戏观、课程观。通过充满童趣、挑战的游戏活动和体验探索，理解幼儿，注意倾听幼儿的观点，关注幼儿的感受和体验，调动幼儿的积极性、主动性、探索性，从而培养幼儿良好的学习品质。

　　本书将理论和实践有机地结合在一起。理论部分将从幼儿园的发展情况、园所文化、课程理念依据、课程目标体系等层面构建"和悦"课程体系，突出以学习环境、一日生活安排、教学活动安排、幼儿自主游戏为组织形式，以项目式学习模式为实施模式，让幼儿获得创造性学习和发展的机会。

　　在实践部分，根据前期搭建的"和悦"课程四个模块，即"人与自我""人与自然""人与社会""墨美童真"，由经验丰富的教师以项目式学习模式为实施模式，以幼儿的驱动性问题引发，以问题链的形式不断深挖，进行深度学习，保证课程的成功。本课程通过多维度、全面的评价，为课程决策和改革提供科学的、客观的依据，确保课程组织的科学性和严谨性，让幼儿在做中学，在学中做，不断探索和发展，形成完整且特点鲜明的"和悦"课程体系。感谢金幼团队在课程实践阶段的相互支持和竭尽全力的付出，坚持以儿童视角不断调整课程的实施路径与设计，让园本课程充满了灵性与生命力，让我们一起浸润其中，点亮孩子的幸福童年！

李雪梅

2022年3月

目录

上 篇 理论部分

下 篇　实践部分

上 篇

理论部分

第一章　课程实施的背景和条件

第一节　发展情况

广州市番禺区大龙街金海岸幼儿园创办于2013年，是一所全日制市一级公办园，其前身是由番禺置业房地产开发有限公司于2003年8月建设的一所小区配套民办园。2013年8月承包合同期满后，该公司将幼儿园收回并把其产权无偿移交给区教育局办成公办园，按属地管理的原则，该园由大龙街道办事处创办，隶属石碁教育指导中心，并委托区属东城幼儿园管理，因此更名为"番禺区大龙街金海岸幼儿园"。

全园占地面积4300平方米，建筑面积2923.7平方米，绿化面积1582平方米，户外活动场地1900平方米，园内设有跑道、泳池、儿童乐园及科学配置教育教学设施等。目前，园内有12个教学班，幼儿共计374人，教职工65人。其中专任教师31人，幼儿园高级教师1人，幼儿园一级教师4人，本科学历26人，大专学历19人，教师学历100%达标，教职工持证率100%。办园八年以来，在区委、区政府、区教育局和镇街领导的重视和关怀下，在全体师幼的共同努力下，我园传承创新，开拓进取，屡创佳绩。我园在2014年"番禺区幼儿园保教质量分级量化考核"中获优秀成绩，2016年11月顺利通过"广州市一级幼儿园"评估，在2017年"番禺区幼儿园保教质量分级量化考核"中获优秀成绩，连年被评为"番禺区好园所"、卫生保健工作"先进集体"、石碁教育工会先进单位、石碁片区学前教育先进组织机构等。我园坐落在美丽成熟的小区里，是一所充满家庭般温暖的现代幼儿园。这为"和悦"课程的建设和开发提供了基础平台。

为了更好地贯彻《幼儿园教育指导纲要（试行）》（以下简称《纲

要》）和《3~6岁儿童学习与发展指南》的精神，我园在幼儿园课程建设中，夯实幼儿园的一日生活基础课程，秉承以"和""悦"为核心的园所文化，为幼儿创造良好的学习环境；努力打造特色课程，为幼儿创造性发展奠定基础；对已有课程的目标、内容、组织与实施以及评价等方面进行系统性、整体性的梳理与整合，形成基于幼儿园文化理念的"和悦"园本课程体系，旨在提高幼儿园的保教质量，增强课程实施的有效性。

第二节　园所文化

我园一直以来认真执行党的教育方针，贯彻落实《纲要》和《指南》的精神，立足于幼儿园的实际发展情况，以杜威的"教育即生活""教育即经验""做中学"理论以及蒙台梭利的教育思想理论为指导，构建幼儿园的"和悦"课程，彰显本园的教育理念，凸显本园的课程教育特色。课程的构建需要回答培养什么样的儿童的问题。我园从目标角度出发，以基础课程和特色课程（墨美童真）的互补协调、有效融合为实施途径，以幼儿的年龄发展特点、生活经验、个性特点为前提，注重幼儿自主探索、发现创造以及解决问题的能力。落实我园构建"和悦"家园，点亮幸福童年的办园理念，体现出以培养"以和启智、以悦润心、以和创美、以悦至合"的儿童为目标，践行我园和乐悦行——乐于锻炼运动力强，和声悦耳——乐于交流表达力强，和合悦心——乐于合作交往力强，和爱悦思——乐于探索创新力强，和美悦目——乐于欣赏审美力强的"和悦"宝贝培养目标。

2013年开园以来，金海岸幼儿园根据党的教育方针，以《纲要》和《指南》为指导，立足我园实际，不断改革，勇于创新。近年来，我园在教学和科研上锐意改革，通过了番禺区教育科学"十三五"规划课题"幼儿园角色区深度学习的实践研究""中班角色游戏区师幼互动研究"，同时作为广东省学前教育"新课程"科学保教示范项目"基于项目式学习（PBL）理念幼儿园地方课程发展的合作行动研究"的实验园之一，坚持以"建构'和悦'

家园，点亮幸福童年"为办园理念，并以《幼儿园水墨画教学策略的有效性研究》课题为抓手，以创建"水墨画特色幼儿园"为契机，促进幼儿园的内涵式发展。现任区政协副主席、区教育局党组书记冯润胜同志曾对此给予高度评价："金海岸幼儿园为番禺区民办园转制为公办园创出了一个成功的范本。"

第二章 "和悦"课程的概念分析

第一节 "和"的追溯

　　"和"是中国哲学的重要概念，具有"和谐、和平、和睦……"的意思。《国语·郑语·史伯为桓公论兴衰》记述了关于"和"的论述："夫和实生物，同则不继……若以同裨同，尽乃弃矣。"阴阳和而万物生，完全相同的东西则无所生。可见"和"体现了事物的多样性与差异性的统一，反映了我们对多元的包容。

　　"和"的核心要义有两层：一是在《说文解字》中解释为"咊，相应也"。本意为不同声音、言论相互响应协调合拍。二是"和"本身已经包含了"合"的意思，即由相和的事物融合而产生新事物，引申为和谐、合作、分享、共赢的行为方式。

　　"和"的内核是"合"，具有"合作、融合、配合"等意思，强调个体之间的协作。伴随三胎政策的提出，中国家庭成员结构发生变化，从家庭中兄弟姐妹的协作到幼儿园同伴间的和谐相处，以及未来社会成员间的合作，对儿童的成长与发展具有重要作用。因此，我园从一日生活着手，引导幼儿在集体环境中关注同伴、老师，学会关爱自己、他人，建立适宜的人际互动与协作关系，完善自身的个性品质。

第二节 "悦"的追溯

"悦"可作形容词，也可作动词。当"悦"作形容词时，本义为高兴，愉快。英文：delighted、happy、pleased。悦，犹说也，拭也，解脱也。若人心有郁结能解释之也。——《说文系传统论》。怒可以复喜，愠可以复悦。——《孙子兵法·火攻篇》。悦心（愉悦心情），悦情（欢乐之情），悦笑（欢乐笑谑），悦喜（喜悦），悦畅（和畅，欢畅），悦乐（快乐），悦泽（光润悦目），心悦诚服。

当"悦"作动词时，本义为顺服，悦服，从心里佩服。英文：heartily admire。

悦，服也。——《尔雅·释诂》。悦仁服德，喜，喜欢。士为知己者死，女为悦己者容。——《战国策·赵策一》。悦义（爱慕道义），悦慕（爱慕敬慕），悦附（乐于归附），悦使（乐于效劳），悦随（乐于随从），悦谕（乐于接受），悦劝（乐于接受教化），悦赖（悦服信赖），悦伏（同悦服）。

本课程中的"悦"，更多的是指高兴、快乐。"悦"来源于办园理念前部分内容：构建"和悦"家园。它与"和"字相呼应，"和悦"既是办园理念的载体，也是办园理念的执行措施。金海岸幼儿园希望通过"和悦"课程，在和谐、合作的基础上，融合特色文化，使全体师幼在幼儿园里能够感受到开心、快乐、喜悦，进而使幼儿的身心健康和谐发展，成为开心、快乐、幸福的人。

第三节 "和悦"释义

　　自开园以来，金海岸幼儿园旨在为幼儿打造一个和谐、融洽、温暖、喜悦的大家庭，让幼儿在"和悦"的家园中大胆探索，自由生长，并在"和悦"的环境和氛围中体验爱、收获爱、分享爱，从而成长为一个爱于心、行有敬、和万物、悦身心的幼儿，成为一个有幸福力的幼儿。"和""悦"构建幸福家园，"和""悦"润泽师幼心灵，"和""悦"点亮幸福童年。

第三章 "和悦"课程的理念依据及理念诠释

第一节 理念依据

  幼儿园的课程理念首先立足于我国的教育政策与法规，以《纲要》《规程》（以下简称《规程》）和《指南》等文件为具体引领。珍视幼儿游戏和生活的独特价值，创设丰富的教育环境，合理安排一日生活，最大限度地支持和满足幼儿通过直接感知、实际操作和亲身体验获取经验的需要，严禁"揠苗助长"式的超前教育和强化训练；以为幼儿的后继学习和终身发展奠定良好的素质基础为目标，以促进幼儿体、智、德、美各方面的协调发展为核心，实施科学的保育和教育，为幼儿快乐而幸福的童年生活创设条件。

  其次，以美国教育家杜威的教育思想为指引。杜威的思想理论主要体现在"儿童中心""活动中心"和"经验中心"等方面。杜威基于自然主义理论的哲学基础提出"教育即生活"，认为"生活就是发展""教育即生长""教育是对生活的改造"。因此，幼儿园的活动要围绕幼儿进行教育组织并实施，并为幼儿创设适宜的情境，引导幼儿进行活动。基于幼儿制作、交往、表现和探索的学习特性，他认为"教育即儿童的经验总结"，因而儿童的活动应建立在"做中学"的基础上，采用游戏、模拟工作等活动形式。杜威以儿童为教师教育的出发点，坚决克服传统学校来自教师的刺激和抑制过多的现象，教育过程是儿童和教师共同参与、真正合作和相互作用的过程。

  再次，以瑞士的皮亚杰的建构主义思想为指引。建构主义源自关于儿童认知发展的理论，认为知识不是通过教师传授得到的，而是学习者在一定的情境即社会文化背景下，借助其他人（包括教师和学习伙伴）的帮助，利用必要的学习资料，通过意义建构的方式而获得的。建构主义提倡在教师指导下的以学习者为中心的学习。我们在幼儿园的活动中，既要强调幼儿的认知主体作用，使幼儿成为真正意义上的主动建构者，鼓励幼儿用探索法、发现法去建构知识，又不忽视教师的指导作用，因为教师是意义建构的帮助者、促进者。

因此，本园秉承幼儿园的文化理念和课程理念，提倡为幼儿创设适宜的活动环境，开展丰富多样的游戏活动，从而实现幼儿园的培养目标。

第二节　理念诠释

金海岸幼儿园以《指南》《纲要》《规程》《广东省一日生活指引》为依据和导向，以幼儿的直接经验为基础，遵循儿童的成长规律，在"大家庭"的渲染下，给予幼儿充分释放自我的机会并为幼儿营造爱的氛围，确立了本园的课程理念——构建"和悦"家园，点亮幸福童年。关键词诠释具体如下：

1. 构建"和悦"家园

构建"和悦"家园指的是以幼儿为本，让幼儿真正成为"和悦"家园的主人，师幼共建创设和谐、愉悦的幼儿园环境与育人氛围，让幼儿在"和悦"家园中轻松愉悦、自由自主地学习和发展，做有温度的教育，建有温度的家园。

2. 点亮幸福童年

点亮幸福童年指的是以和启智、以悦润心，以和创美、以悦至合，"和悦"家园成就幼儿的幸福童年。幸福的园所引领幸福的老师，幸福的老师培育幸福的孩子，让孩子在幸福的园所里自主探索，互帮互助，度过幸福的童年。

第四章 "和悦"课程目标解析、体系及课程结构

第一节 目标解析

"和悦"课程的目标是通过"和悦"课程的实施，培养出以和启智、以悦润心、以和创美、以悦至合的儿童。

1. 以和启智

乐于交流，表达力强；乐于探索，创新力强。具有自主探究的意识，在玩中增长智慧，学会思考，学会表达。"以和启智"指向科学、语言领域。

2. 以悦润心

乐于锻炼，运动力强。提高运动能力，养成运动习惯，保持身心愉悦。"以悦润心"指向健康领域。

3. 以和创美

乐于欣赏，审美力强。童心与水墨的相遇，诗、书、画、印的有机结合，表达幼儿的童真心语，体现幼儿本性的率真与质朴，从而培养幼儿在水墨世界里欣赏美、感受美、表现美、创造美的能力，提升幼儿的审美素养。同时，培养幼儿对音乐的感受力、表现力和创造力，用艺术的形式创造性地大胆表现自己的情感和体验。"以和创美"指向艺术领域。

4. 以悦至合

乐于合作，交往力强。在环境中学习、生活，获得爱自己、爱他人、合作创造的积极情感。"以悦至合"指向社会领域。

第二节　目标体系

　　我园基于"构建和悦家园，点亮幸福童年"的办园理念，以"和悦"课程为载体，确定了"和悦"课程的目标为"以和启智、以悦润心、以和创美、以悦至合"，根据《指南》精神，明确了各年龄段的目标体系。（见表4-2-1）

表4-2-1　各年龄段的目标体系

课程目标	3~4岁	4~5岁	5~6岁
以和启智（科学、语言领域）	1.别人对自己说话时能注意听并做出回应 2.能听懂日常会话，愿意在熟悉的人面前表达，能大方地与人打招呼 3.基本会说本民族或本地区的语言 4.愿意表达自己的需要和想法，必要时能配以手势和动作 5.能口齿清楚地说儿歌、童谣或复述简短的故事 6.与别人讲话时知道眼睛要看着对方 7.说话自然，声音大小适中 8.能在成人的提醒下使用恰当的礼貌用语 9.主动要求成人讲故事、读图书	1.在群体中能有意识地听与自己有关的信息 2.能结合情境感受到不同语气、语调所表达的不同意思 3.方言地区和少数民族的幼儿能基本听懂普通话 4.愿意与他人交谈，喜欢谈论自己感兴趣的话题 5.会说本民族或本地区的语言，基本会说普通话；少数民族聚居地区幼儿会用普通话进行日常会话 6.能基本完整地讲述自己的所见所闻和经历的事情 7.讲述比较连贯 8.别人对自己讲话时能回应	1.在集体中能注意听老师或其他人讲话 2.听不懂或有疑问时能主动提问 3.能结合情境理解一些表示因果、假设等相对复杂关系的句子 4.愿意与他人讨论问题，敢在众人面前说话 5.会说本民族或本地区的语言和普通话，发音正确清晰；少数民族聚居地区的幼儿基本会说普通话 6.能有序、连贯、清楚地讲述事情

续 表

课程目标	3~4岁	4~5岁	5~6岁
以和启智（科学、语言领域）	10.喜欢跟读韵律感强的儿歌、童谣 11.爱护图书，不乱撕、乱扔；能听懂短小的儿歌或故事 12.会看画面，能根据画面说出画面中有什么，发生了什么事，等等 13. 能理解图书上的文字是和画面对应的，是用来表达画面意义的 14.喜欢用涂涂画画表达一定的意思 15.喜欢接触大自然，对周围的很多事物和现象感兴趣 16.经常问各种问题，或好奇地摆弄物品 17.对感兴趣的事物能仔细观察，发现其明显的特征 18.能用多种感官或动作去探索物体，关注动作所产生的结果 19.认识常见的动植物，能注意并发现周围的动植物是多种多样的 20.能感知和发现物体和材料的软硬、光滑和粗糙等特性 21.能感知和体验天气对自己生活和活动的影响 22.初步了解和体会动植物和人们生活之间的关系	9.能根据场合调节自己说话声音的大小 10.能主动使用礼貌用语，不说脏话、粗话 11.反复看自己喜欢的图书 12.喜欢把听过的故事或看过的图书讲给别人听 13.对生活中常见的标志、符号感兴趣，知道它们表示一定的意义 14.能大体讲出所听故事的主要内容 15.能根据连续画面提供的信息，大致说出故事的情节 16.能随着作品的展开产生喜悦、担忧等相应的情绪反应，体会作品所表达的情绪、情感 17.愿意用图画和符号表达自己的愿望和想法 18.在成人的提醒下，写写画画时姿势正确 19.喜欢接触新事物，经常问一些与新事物有关的问题 20.常常动手动脑探索物体及其材料，并乐在其中	7.讲述时能使用常见的形容词、同义词等，语言比较生动 8.别人讲话时能积极主动地回应 9.能根据谈话对象和需要，调整说话的语气 10.懂得按次序轮流讲话，不随意打断别人 11.能依据所处情境使用恰当的语言，例如，在别人难过时会用恰当的语言表示安慰 12.专注地阅读图书 13.喜欢与他人一起谈论图书和故事的有关内容 14.对图书和生活情境中的文字符号感兴趣，知道文字表示一定的意义 15.能说出所阅读的幼儿文学作品的主要内容 16.能根据故事的部分情节或图书画面的线索猜想故事情节的发展，或续编、创编故事

课程目标	3~4岁	4~5岁	5~6岁
以和启智（科学、语言领域）	23.感知和发现周围物体的形状是多种多样的，对不同的形状感兴趣 24.体验和发现生活中很多地方都能用到数 25.能感知和区分物体的大小、多少、高矮、长短等量方面的特点，并能用相应的词表示 26.能通过一一对应的方法比较两组物体的多少 27.能手口一致地点数5个以内的物体，并能说出总数，能按数取物 28.能用数词描述事物或动作，例如，我有4本图书 29.能注意到物体较明显的形状特征，并能用自己的语言描述 30.能感知物体基本的空间位置与方位，理解上下、前后、里外等方位词	21.能对事物或现象进行观察比较，发现其相同点与不同点 22.能根据观察结果提出问题，并大胆猜测答案 23.能通过简单的调查收集信息 24.能用图画或其他符号进行记录 25.能感知和发现动植物的生长变化及其基本条件 26.能感知和发现常见材料的溶解、传热等性质或用途 27.能感知和发现简单的物理现象，如物体形态或位置变化等 28.能感知和发现不同季节的特点，体验季节对动植物和人的影响 29.初步感知常用科技产品与自己生活的关系，知道科技产品有利也有弊 30.在老师和家长的指导下，感知和体会有些事物可以用形状来描述 31.在老师和家长的指导下，感知和体会有些事物可以用数来描述，对环境中各种数字的含义有进一步探究的兴趣	17.对看过的图书、听过的故事能说出自己的看法 18.能初步感受文学语言的美 19.愿意用图画和符号表现事物或故事 20.会正确书写自己的名字 21.写画时姿势正确 22.对自己感兴趣的问题总是刨根问底 23.能经常动手动脑寻找问题的答案 24.在探索中有所发现时感到兴奋和满足 25.能通过观察、比较与分析，发现并描述不同种类物体的特征或某个事物前后的变化 26.能用一定的方法验证自己的猜测 27.在老师和家长的帮助下能制订简单的调查计划并执行

续 表

课程目标	3~4岁	4~5岁	5~6岁
以和启智 （科学、语言 领域）		32.能感知和区分物体的粗细、厚薄、轻重等量方面的特点，并能用相应的词语描述 33.能通过数数比较两组物体的多少 34.能通过实际操作理解数与数之间的关系，如5比4多1，2和3合在一起是5 35.会用数词描述事物的排列顺序和位置 36.能感知物体的形体结构特征，画出或拼搭出该物体的造型 37.能感知和发现常见几何图形的基本特征，并能进行分类 38.能使用上下、前后、里外、中间、旁边等方位词描述物体的位置和运动方向	28.能用数字、图画、图表或其他符号记录 29.在探究中能与他人合作与交流 30.能察觉到动植物的外形特征、习性与生存环境的适应关系 31.能发现常见物体的结构与功能之间的关系 32.能探索并发现常见的物理现象产生的条件或影响因素，如影子、沉浮等 33.感知并了解季节变化的周期性，知道变化的顺序 34.初步了解人们的生活与自然环境的密切关系，知道尊重和珍惜生命，保护环境 35.能发现事物简单的排列规律，并尝试创造新的排列规律 36.能发现生活中许多问题都可以用数学的方法（如数数）来解决，体验解决问题的乐趣

续 表

课程目标	3~4岁	4~5岁	5~6岁
以和启智 （科学、语言领域）			37.初步理解量的相对性 38.借助实际情境和操作（如合并或拿取）理解"加"和"减"的实际意义 39.能通过实物操作或其他方法进行10以内的加减法运算 40.能用简单的记录表、统计图等表示简单的数量关系 41.能用常见的几何形体有创意地拼搭和画出物体的造型 42.能按语言指示或根据简单示意图正确取放物品 43.能辨别自己的左右
以悦润心 （健康领域）	1.身高和体重适宜 男孩： 身高：94.9~111.7厘米 体重：12.7~21.2千克 女孩： 身高：94.1~111.3厘米 体重：12.3~21.5千克 2.在老师和家长的提醒下能自然坐直、站直	1.身高和体重适宜 男孩： 身高：100.7~119.2厘米 体重：14.1~24.2千克 女孩： 身高：99.9~118.9厘米 体重：13.7~24.9千克 2.在老师和家长的提醒下能保持正确的站、坐和行走姿势	1.身高和体重适宜 男孩： 身高：106.1~125.8厘米 体重：15.9~27.1千克 女孩： 身高：104.9~125.4厘米

续表

课程目标	3~4岁	4~5岁	5~6岁
以悦润心（健康领域）	3.情绪比较稳定，很少因一点小事而哭闹不止 4.有比较强烈的情绪反应时，能在成人的安抚下逐渐平静下来 5.能在较热或较冷的户外环境中活动 6.换新环境时情绪能较快稳定，睡眠、饮食基本正常 7.在老师的帮助下能较快适应集体生活 8.能沿地面直线或在较窄的低矮物体上走一段距离 9.能双脚灵活交替上下楼梯 10.能身体平稳地双脚连续向前跳 11.分散跑时能躲避他人的碰撞 12.能双手向上抛球 13.能双手抓杠悬空吊起10秒左右 14.能单手将沙包向前投掷2米左右 15.能单脚连续向前跳2米左右 16.能快跑15米左右 17.能行走1千米左右（途中可适当停歇） 18.能用笔涂涂画画 19.能熟练地用勺子吃饭 20.能用剪刀沿直线剪，边线基本吻合	3.经常保持愉快的情绪，不高兴时能较快缓解 4.有比较强烈的情绪反应时，能在成人的提醒下逐渐平静下来 5.愿意把自己的情绪告诉亲近的人，一起分享快乐或求得安慰 6.能在较热或较冷的户外环境中连续活动半小时左右 7.换新环境时较少出现身体不适 8.能较快适应人际环境中发生的变化，例如，换了新老师能较快适应 9.能在较窄的低矮物体上平稳地走一段距离 10.能以匍匐、膝盖悬空等多种方式钻爬 11.能助跑跨跳过一定的距离，或助跑跨跳过一定高度的物体 12.能与他人玩追逐、躲闪跑的游戏 13.能连续自抛自接球 14.能双手抓杠悬空吊起15秒左右 15.能单手将沙包向前投掷4米左右	体重：15.3~27.8千克 2.经常保持正确的站、坐和行走姿势 3.经常保持愉快的情绪；知道引起自己某种情绪的原因，并努力缓解 4.表达情绪的方式比较适度，不乱发脾气 5.能随着活动的需要转换情绪和注意 6.能在较热或较冷的户外环境中连续活动半小时以上 7.天气变化时较少感冒，能适应车、船等交通工具造成的轻微颠簸 8.能较快融入新的人际关系环境，如换了新的幼儿园或班级能较快适应 9.能在斜坡、荡桥和有一定间隔的物体上较平稳地行走

续表

课程目标	3~4岁	4~5岁	5~6岁
以悦润心（健康领域）	21.在成人的提醒下，按时睡觉和起床，并能坚持午睡 22.喜欢参加体育活动 23.在成人的引导下，不偏食、不挑食；喜欢吃瓜果、蔬菜等新鲜食品 24.愿意饮用白开水，不贪喝饮料 25.不用脏手揉眼睛，连续看电视等不超过15分钟 26.在成人的提醒下，每天早晚刷牙、饭前便后洗手 27.在成人的帮助下能穿脱衣服或鞋袜 28.能将玩具和图书放回原处 29.不吃陌生人给的东西，不跟陌生人走 30.在成人的提醒下能注意安全，不做危险的事 31.在公共场所走丢时，能向警察或有关人员说出自己和家长的名字、电话号码等简单信息	16.能单脚连续向前跳5米左右 17.能快跑20米左右 18.能连续行走1.5千米左右（途中可适当停歇） 19.能沿边线较直地画出简单图形，或能边线基本对齐地折纸 20.会用筷子吃饭 21.能沿轮廓线剪出由直线构成的简单图形，边线吻合 22.每天按时睡觉和起床，并能坚持午睡 23.喜欢参加体育活动 24.不偏食、不挑食，不暴饮暴食；喜欢吃瓜果、蔬菜等新鲜食品 25.常喝白开水，不贪喝饮料 26.知道保护眼睛，不在光线过强或过暗的地方看书，连续看电视等不超过20分钟 27.每天早晚刷牙、饭前便后洗手，方法基本正确 28.能自己穿脱衣服、鞋袜，扣纽扣 29.能整理自己的物品 30.知道在公共场合不能远离成人的视线而单独活动	10.能以手脚并用的方式安全地爬攀登架、网等 11.能连续跳绳 12.能躲避他人滚过来的球或扔过来的沙包 13.能连续拍球 14.能双手抓杠悬空吊起20秒左右 15.能单手将沙包向前投掷5米左右 16.能单脚连续向前跳8米左右 17.能快跑25米左右 18.能连续行走1.5千米以上（途中可适当停歇） 19.能根据需要画出图形，线条基本平滑 20.能熟练使用筷子 21.能沿轮廓线剪出由曲线构成的简单图形，边线吻合且平滑 22.能使用简单的劳动工具或用具 23.养成每天按时睡觉和起床的习惯

续 表

课程目标	3~4岁	4~5岁	5~6岁
以悦润心（健康领域）		31.认识常见的安全标志，能遵守安全规则 32.运动时能主动躲避危险 33.知道简单的求助方式	24.能主动参加体育活动 25.吃东西时细嚼慢咽 26.主动饮用白开水，不贪喝饮料 27.主动保护眼睛；不在光线过强或过暗的地方看书，连续看电视等不超过30分钟 28.每天早晚主动刷牙，饭前便后主动洗手，方法正确 29.能知道根据冷热增减衣服 30.会自己系鞋带 31.能按类别整理好自己的物品 32.未经大人允许不给陌生人开门 33.能自觉遵守基本的安全规则和交通规则 34.运动时能注意安全，不给他人造成危险 35.知道一些基本的防灾知识
以和创美（艺术领域）	1.喜欢观看花草树木、日月星空等大自然中美的事物	1.在欣赏自然界和生活环境中美的事物时，会关注其色彩、形态等特征	1.乐于收集美的物品或向别人介绍自己所发现的美的事物

续 表

课程目标	3~4岁	4~5岁	5~6岁
以和创美（艺术领域）	2.容易被自然界中的鸟鸣、风声、雨声等好听的声音所吸引 3.喜欢听音乐或观看舞蹈、戏剧等表演 4.喜欢观看绘画、泥塑或其他艺术形式的作品 5.经常自哼自唱，喜欢模仿有趣的动作、表情和声调 6.经常涂涂画画、粘粘贴贴，并乐在其中 7.能模仿学唱短小歌曲 8.能跟随熟悉的音乐做身体动作 9.能用声音、动作、姿态模拟自然界的事物和生活情景 10.能用简单的线条和色彩大体画出自己想画的人或事物	2.喜欢倾听各种好听的声音，感知声音的高低、长短、强弱等变化 3.能够专心地观看自己喜欢的文艺演出或艺术品，有模仿和参与的愿望 4.欣赏艺术作品时会产生相应的联想和情绪反应 5.经常唱唱跳跳，喜欢参加歌唱、律动、舞蹈、表演等活动 6.喜欢用绘画、捏泥、手工制作等方式表现自己的所见所想 7.能用自然的、音量适中的声音基本准确地唱歌 8.能通过即兴哼唱、即兴表演或给熟悉的歌曲编词来表达自己的心情 9.能用拍手、踏脚等身体动作或可敲击的物品敲打节拍和基本节奏 10.能运用绘画、手工制作等表现自己观察到或想象的事物	2.喜欢模仿自然界和生活环境中有特点的声音，并产生相应的联想 3.艺术欣赏时常常用表情、动作、语言等方式表达自己对艺术的理解 4.愿意和别人分享、交流自己喜爱的艺术作品和美感体验 5.积极参与艺术活动，有自己比较喜欢的活动形式 6.能用多种工具、材料或不同的表现手法表达自己的感受和想象 7.艺术活动中能与别人相互配合，也能独自完成 8.能用基本准确的节奏和音调唱歌 9.能用律动或简单的舞蹈动作表现自己的情绪或自然界的情景 10.能自编自演故事，并为表演制作简单的服饰、道具或布景 11.能用自己制作的美术作品布置环境、美化生活

续　表

课程目标	3~4岁	4~5岁	5~6岁
以悦至合 （社会领域）	1.愿意和小朋友一起游戏 2.愿意与熟悉的长辈一起活动 3.想加入同伴的游戏时，能友好地提出请求 4.在成人的指导下，不争抢、不独霸玩具 5.与同伴发生冲突时，能听从成人的劝解 6.能根据自己的兴趣选择游戏或其他活动 7.为自己的好行为或活动成果感到高兴 8.自己能做的事情愿意自己做 9.喜欢承担一些小任务 10.长辈讲话时能认真听，并能听从长辈的要求 11.身边的人生病或不开心时表示同情 12.在成人的提醒下能做到不打扰别人	1.喜欢和小朋友一起游戏，有经常一起玩的小伙伴 2.喜欢和长辈交谈，有事愿意告诉长辈 3.会运用介绍自己、交换玩具等简单技巧加入同伴游戏 4.对大家都喜欢的东西能轮流、分享 5.与同伴发生冲突时，能在他人的帮助下和平解决 6.活动时愿意接受同伴的意见和建议 7.能按自己的想法进行游戏或其他活动 8.知道自己的一些优点和长处，并对此感到满意 9.自己的事情尽量自己做，不愿意依赖别人 10.敢于尝试有一定难度的活动和任务 11.会用礼貌的方式向长辈表达自己的要求和想法 12.能注意到别人的情绪，并有关心、体贴的表现 13.知道父母的职业，能体会到父母为养育自己所付出的辛劳	1.有自己的好朋友，也喜欢结交新朋友 2.有问题愿意向别人请教 3.有高兴的或有趣的事愿意与大家分享 4.能想办法吸引同伴和自己一起游戏 5.活动时能与同伴分工合作，遇到困难能一起克服 6.与同伴发生冲突时能自己协商解决 7.知道别人的想法有时和自己不一样，能倾听和接受别人的意见，不能接受时可以说明理由 8.不欺负别人，也不允许别人欺负自己 9.能主动发起活动或在活动中出主意，想办法 10.做了好事或取得了成功后还想做得更好

续表

课程目标	3~4岁	4~5岁	5~6岁
以悦至合 （社会领域）			11.自己的事情自己做，不会的愿意学 12.主动承担任务，遇到困难能够坚持而不轻易求助 13.与别人的看法不同时，敢于坚持自己的意见并说出理由 14.能有礼貌地与人交往 15.能关注别人的情绪和需要，并能给予力所能及的帮助 16.尊重为大家提供服务的人，珍惜他们的劳动成果 17.接纳、尊重与自己的生活方式或习惯不同的人

第三节　课程结构

课程结构。（见图4-3-1）

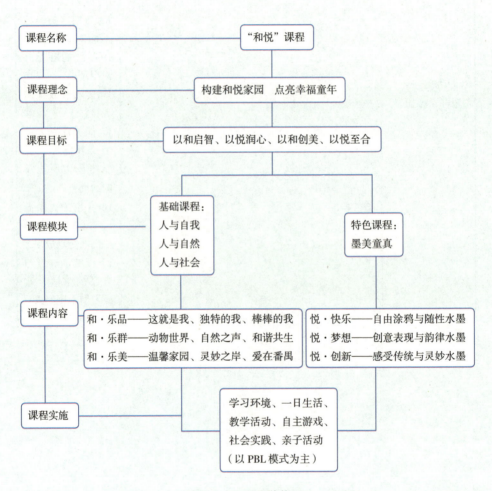

图4-3-1　课程结构图

下 篇

实践部分

第五章 "和悦"课程组织实施（基础部分）

第一节 基础课程内容

1. 人与自我

在一日生活中，可通过有趣和丰富的游戏材料，贴近生活场景，激发幼儿主动学习、喜欢学习、勇于尝试的精神，使他们在游戏中不知不觉地认识自我，养成健康、健全的人格品德并获得身心愉悦的发展，实现生活、生长和经验的改造，同时更好地为幼小衔接做好准备。

2. 人与自然

以动物、植物、生命等内容为主题，帮助幼儿在生活中积累经验。通过"做中学"，使幼儿能乐于探索、勤于思考，培养幼儿自主探究的意识，在与同伴的接触、影响中，逐步积累、丰富自己的生活经验。大自然教育对幼儿认知能力的发展、创造性思维的培养、环境适应能力的发展、心理健康的发展以及人际关系的搭建，都有良好的促进作用。当幼儿融入自然，了解其中的关系时，便能从大自然中体悟到为人处世的道理。就像果实的收获，需要辛勤付出和耐心等待。当幼儿拥有足够的耐心和豁达的心态后，自然能够与人很好地相处。

3. 人与社会

通过家园、社区、周边资源等环境，实行家园共育，营造"爱"和"家"的环境，使幼儿在这样的环境中学习、生活，获得自爱、爱他人、合作创造的积极情感。同时，幼儿还可以与传统文化亲密接触，培养出自己作为中国人的民族意识。

"和悦"课程内容分布图。（见图5-1-1）

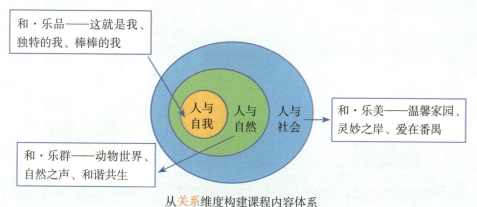

从关系维度构建课程内容体系

图5-1-1 "和悦"课程内容分布图

第二节 基础课程安排

"和悦"课程中的基础课程包括人与自我（见图5-2-1）、人与自然（见图5-2-2）、人与社会（见图5-2-3）。

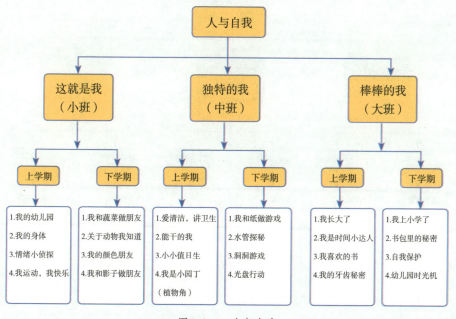

图5-2-1 人与自我

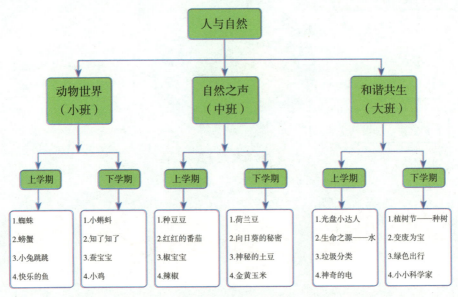

图5-2-2　人与自然

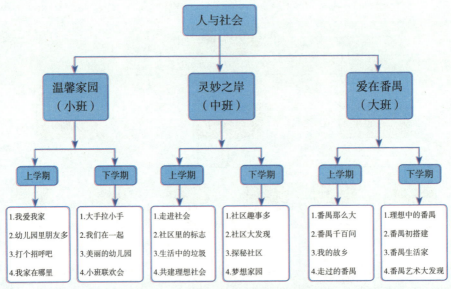

图5-2-3　人与社会

第三节 实施形式

金海岸幼儿园认真执行党的教育方针，贯彻落实《纲要》和《指南》的精神，秉承我园的办园理念和培养目标，倡导幼儿在"做中学"，主要通过两个维度，一是实施形式，二是实施模式，共同推进课程的组织实施。

一、学习环境

《纲要》明确提出："环境是重要的教育资源，应通过环境的创设和利用，有效促进幼儿的发展。"《幼儿园教师专业标准（试行）》中提到，要创设有助于促进幼儿成长、学习、游戏的教育环境，要合理利用资源，为幼儿提供和制作适合的玩教具和学习材料，引发和支持幼儿的主动活动。

现代幼儿教育特别重视环境对幼儿身心发展的影响，并把环境创设看作幼儿园教育教学的重要组成部分。意大利瑞吉欧提出，教师要注重环境创设，要让幼儿真正地感受到幼儿园环境是属于他们的。《规程》也指出，要充分利用周围环境的有利条件，积极发挥幼儿的感官作用，灵活地运用集体活动与个别活动的形式，为幼儿提供充分活动的机会。幼儿园环境创设必须遵循一个共同的理念：尊重——满足孩子所需，信任——放开孩子的手，发展——给孩子以挑战。这些都说明环境并不是一个简单的空间，而是一个重要的教育要素，对于幼儿学习和发展具有重要意义。这也就意味着，幼儿园环境应当是适宜幼儿发展的环境，即在环境的创设和利用中要突出幼儿作为学习主体的积极性、主动性和对环境的操作、探索、控制作用，只有这样，幼儿才能通过与环境的互动进行自我构建和实现自主发展。

幼儿园学习环境是一个复杂的系统，室外与室内环境共同构成了一个完整的学习环境。幼儿园应当将室内环境与室外环境有效地结合在一起，扩展学习环境的复杂性、挑战性、多样性，以支持幼儿获得创造性学习和发展的机会。

我园课程实施的学习环境包括幼儿园物质环境（班级、区域、户外）、社会环境（家庭、社区）以及心理环境。我们要把课程文化融入环境，为幼儿创造一个安全的、好玩的、有趣的学习环境，不断考虑空间的灵活性，保证随着时间的推移可以适应幼儿年龄、兴趣以及特征的变化。

1.物质环境

（1）环境空间的打造

环境空间的打造包括两方面：一是在班级的环境创设中，我们根据《番禺区幼儿园教育质量评价量表》创设了六大基本区域，即阅读区、益智游戏区、美工活动区、积木建构区、角色游戏区、自然探索区，并将本土文化融入其中；二是户外，在游戏场上利用充足的时间、空间和器材，为幼儿提供更多学习、习得经验的机会，促进幼儿责任、合作、创造等多种能力与技巧的发展。环境设置要因地制宜，为此我们对园内的原有环境进行了合理的改造和规划，形成了富有童趣、各有特色的九大区域。户外场地不仅有利于促进幼儿的动作发展，还有利于提高他们的操作能力和社会能力，户外环境中的自由和灵活性更利于培养广泛的社会性行为。由于户外场地提供的多样性和真实性的体验更多，拥有更广阔的面积与空间，使得跨年龄与跨领域的互动更容易展开。

（2）材料的投放

陈鹤琴先生指出，活教育的课程就是把大自然、大社会中有益的东西拿来，让儿童学习。因此，在班级的材料投放中，教师要考虑到幼儿的年龄特点与个体差异，考虑到与教育活动的紧密结合，考虑到材料的分类整理，考虑到低结构材料对幼儿的重要教育价值。在户外的材料投放中，树叶、花瓣、泥土、石子等是大自然赐予我们的珍品，在活动中除了教师提供的器械外，我们还要鼓励和支持幼儿发现生活中的材料，让幼儿发挥想象力。同时，材料的投放也应考虑幼儿的年龄、能力以及兴趣的差异，不同的游戏材料可为不同年龄阶段的幼儿提供充分的挑战机会。

2.社会环境

我园居于金海岸花园内，地处番禺亚运大道的金海岸花园，这里的园林景观是借鉴岭南园林的精髓而设计，运用"起、承、转、合、隐"的理念，巧妙编排了超10万平方米的绿化面积，遍布超60种植物、2万株树木以及七八处水景，小区内部还打造了超5万平方米的珀丽湖，面积比7个足球场还要大。湖中还打造了森林小岛，营造不同层次的立体景观，业主可在树荫下乘凉，闲庭信步，满院荷花飘香，这是一个自然环境优美的小区。在课程开展中，丰富的资源可让幼儿亲近自然，走进社区，一探究竟。我园还位于历史悠久的石碁地段，可以以最小的距离在最大限度上实现对地域文化的深入了解。

3. 心理环境

幼儿园心理环境即精神环境。随着时代的发展，在注重幼儿园物质环境的同时，我们也更加重视幼儿园的心理环境建设。因为在一个充满温暖、支持氛围的环境中，幼儿更容易形成积极的个性特征、良好的交际能力和端正的学习态度。积极健康的精神环境，会让幼儿的创造力、自尊心和自信心发生质的变化。我们要给予幼儿轻松自在，有足够安全感的环境。要保护幼儿的好奇心，满足其创造需求。幼儿要乐于表达自己的意愿和情感，能够与同伴和谐相处，相互尊重。总之，幼儿园心理环境建设就是要多支持、多倾听、多关注、多尊重幼儿，让他们在积极向上的心理环境中更好地发展自己。

4. 制度环境

幼儿园课程是一个开放的、极具创造力的系统，教师是这个系统中最具能动性的因素，是创造力的源泉。幼儿园课程制度必须有"道"，要有基本的价值取向，主要体现在两方面：一方面是对国家育人目标，对"以幼儿发展为本""以游戏为基本活动""一日生活皆课程"等基本理念、原则，以及对本园的课程理念、课程愿景的认同与强化；另一方面是对保教人员在课程中主体地位的极大认可。幼儿园课程的开放性、生成性和灵活性特点，带来更多的课程创新与发展，为配合某种课程模式的探索，创新、优化一系列制度，让"制度优化支撑课程变革"，共同围绕幼儿园的课程目标和价值选择，产生横向协同、承前启后、纵向贯通的作用。

二、一日生活安排

"一日生活皆课程"是当下幼儿园课程改革的重要理念之一，该理念是要改变教师对课程的狭隘理解，将幼儿生活纳入幼儿园课程的视野中，解决教育实践中课程与生活的割裂问题。幼儿园的教育活动是有目的、有计划和有组织的。教育活动的目的性，要体现在一日流程的每一个环节中。"和悦"

课程中融合"一日生活皆课程"的大课程观，寓教育于一日生活中，将课程生活化。合理安排一日生活，充分挖掘各环节中的教育资源，把握教育契机，重视游戏、生活的独特价值。

1. 关注幼儿生活，理解幼儿需要

幼儿生活是课程的现实基础，幼儿生活不是成人臆想出来的，而是幼儿自己的、与其经验直接相关的生活。教师应站在幼儿的立场，放下身段，走近幼儿，在与幼儿的日常相处中，在和他们的嬉戏打闹中，在幼儿的一餐一饭间，倾听他们的童言稚语，关心他们的喜怒哀乐，观察他们的生活点滴，发现幼儿的行动特点和兴趣指向。在此基础上，教师才有可能在幼儿的生活中发现课程。

以"致敬神舟，播撒航天梦"活动为例，2021年6月17日，神舟十二号在酒泉卫星发射中心发射，媒体的报道铺天盖地。第二天，教师关注到班上的幼儿也在讨论神舟，兴致颇高。教师便以此为契机，捕捉幼儿的兴趣点，围绕"神舟"展开了探索，组织大家"说神舟—画神舟—实验模拟神舟"，在此过程中引导幼儿自画头像，利用超轻黏土制作宇航服，幼儿们开心地把自己变成太空宇航员。若教师没有关注幼儿的生活，忽视幼儿当下对神舟的探索兴趣，甚至认为神舟离幼儿太遥远了没有必要进行探索，那么幼儿就会失去一次成长的机会，神舟也许就真的只能成为幼儿心中的"神舟"。

2. 把握课程契机，生发课程方案

落实"一日生活皆课程"，教师不能止步于对幼儿生活的关注，还要提升自身在生活中发现课程契机的意识和能力。教师要在生活中保持课程敏感性（保持课程敏感性并不意味着把生活中的一切都课程化，或者用课程把生活"武装"起来），带着课程的眼光，带着促进幼儿发展的课程意识去关注幼儿的生活，思考幼儿在生活中的哪些事物、现象、资源，既符合幼儿的兴趣和需求，又利于丰富、开阔幼儿的经验和视野，并将之与课程设计关联起来。这是课程的生成点，它源于幼儿的生活，既是幼儿的兴趣点、需求点，又是幼儿经验的生长点，也是生成课程的契机。

课程契机只是一种潜在的、未成形的课程，还需要教师在幼儿发展的适宜性方面进行考量并进行课程加工，将其转化成具体的、可操作的活动方案。

例如，在户外活动中，教师可以引导幼儿观察枇杷树，认识枇杷树的特征，枇杷的生长过程、环境，树与人们的关系，等等，这就把课程与科学、社会领域的内容结合起来了。

3. 依托幼儿生活，在生活中实施课程

课程源于生活，也应在生活中实施。在实施课程的过程中，教师应考虑到幼儿的学习方式和特点，结合幼儿的兴趣和已有经验，选择幼儿感兴趣的、生活化的、游戏化的方式，最大限度地支持和满足幼儿通过直接感知、实际操作和亲身体验获取经验的需要，防止在课程实施中将源于生活的课程知识化、技能化。以"种子的成长"为例，若教师发现幼儿对种子感兴趣，就可借机进行课程实施，如组织幼儿看种子、摸种子、种豆子、吃豆子等活动，幼儿就可以在生活化的课程中获得关于种子成长的丰富经验，还能接受"润物细无声"的教育，其动手能力、语言表达能力、社会交往能力也会得到有效提升。"一日生活皆课程"理念的落实，其起点和归宿都是幼儿，都应指向幼儿全面、健康、和谐地发展。在实践中，我们不能为了落实理念而落实理念，不能忽视幼儿，舍本逐末。

"一日生活皆课程"是幼儿园课程改革的一个抓手，目的是要逐步推动幼儿园课程的科学化，逐渐接近或回归幼儿园课程的本真，使幼儿园课程和幼儿教育成为一种基于人、为了人、发展人的教育。

4. 幼儿在园的一日生活活动

我园一日生活安排。（见表5-3-1）

表5-3-1　幼儿园一日生活安排

时　　间	内　　容
7：50—8：15	早接、晨练、早操
8：15—9：00	早餐及餐后活动
9：00—10：00	区域活动
10：00—10：10	坚果餐
10：10—11：30	户外活动
11：30—11：45	餐前活动

续 表

时　　间	内　　容
11：45—12：15	午餐及餐后活动
12：15—14：30	午睡
14：30—15：15	起床、午点及午间操
15：15—15：55	户外活动
15：55—16：30	集体教学活动
16：30—17：00	离园

三、教学活动安排

教学活动遵循《规程》《纲要》的要求，具体以《指南》为指引，以全面发展幼儿的健康、语言、社会、科学、艺术五大领域为方向，以幼儿发展为本，满足每个幼儿对安全与健康、关爱与尊重的基本需求，为幼儿提供平等的学习机会，了解幼儿的学习特点与身心发展水平，尊重幼儿的个体差异，激发幼儿积极主动地学习。为幼儿园生活、运动、游戏、学习、家园共育五类活动提供各个学期细化的活动目标。教学活动主要包括主题活动、区域活动、集体教学活动、户外混龄自主游戏。

1. 主题活动

幼儿园主题活动是一种研究型的课程，是幼儿围绕一个主题，自主观察、探索周围现象和事物，教师适时、适度地予以支持和引导的一系列活动，其特点是有核心、有主体、有连续性和发展性。我园的主题活动来源于"幼儿生成""师幼生成"和"教师预设"。首先，"幼儿生成"，即幼儿在生活、自然中通过自主观察、探索周围事物和现象来生成主题，并自发、自主地围绕主题主动探索和学习。其次，"师幼生成"，即教师通过观察幼儿的身心特点、兴趣和需要，引导幼儿共同进行有目的、有计划的主题活动。该主题活动是教师与幼儿共同提问，共同探究，共同解决问题。生成的主题活动都是以幼儿的经验为基础，从幼儿的生活环境中取材，引导他们在实际生活中应用和整理获得的经验。最后，"教师预设"，即教师充分挖掘各类主题资源，如节日、自然、四季，又或者是幼小衔接中关于幼儿积极心理品质培养来生成的主题活动。具体依据幼儿的年龄特点，在主题的生成、内容的选择、目标的制订、活动的实施过程中，加以有效整合，不断充实和完善主题活动。

2. 区域活动

我园根据《纲要》《指南》的精神及教育目标的要求，以及当前活动主题的需要，在尊重幼儿身心发展规律和学习特点的前提下，以幼儿的实际需求为依据，设置各活动区域，为幼儿提供系统、适宜的区域材料。幼儿通过自主选择和主动学习，在与其他同伴的互动过程中构建知识，并通过游戏的方式和环境的有效互动来获得自身的个性化发展。

3. 集体教学活动

2012年，教育部正式颁布了《3~6岁儿童学习与发展指南》，全面、系统地明确了3~6岁儿童在各学习领域的合理发展期望和目标，也对实现这些目标的具体方法和途径提出了具体、可操作的建议。我园在《指南》精神的引领下，注重幼儿的主体地位，尊重其个性特点及成长发展规律，教师通过五大领域的目标要求和教学建议有计划、有目的地进行教学活动设计，以游戏化、生活化的方式鼓励幼儿进行自主探究，让幼儿获取各学科发展的核心经验，同时，各学科的内容也相互渗透，相互融合。

4. 户外混龄自主游戏

户外混龄自主游戏是幼儿园体育活动的一种特殊组织方式，通过投放不同的运动器具，打破幼儿年龄与班级的界限，创造机会给幼儿自主选择感兴趣的游戏的一种活动。

（1）户外混龄自主游戏的规则与技能。（见表5-3-2）

表5-3-2　户外混龄自主游戏的规则与技能

	规　　则	基本动作	核心经验与价值
金幼大道（车道）	1.能有序按照交通路线行车 2.遇到危险时，能通过团队讨论解决问题	手部和腿部肌肉的发展，手、脚和眼的协调性	空间思维、合作能力、想象力和沟通能力

	规　　则	基本动作	核心经验与价值
欢乐谷（角色扮演区）	1.能创设主题 2.能自由选择角色 3.能进行情节的推进	能模仿所选择的角色	合作能力、想象力、沟通能力、语言表达能力，发展社会性
水墨印象（户外写生区）	1.能自由选取场景进行表达 2.能自由创作 3.能利用综合材料进行表达	能运用表达水墨的基本技法	想象力、创造力、审美能力、观察能力
沙水乐园（沙水区）	1.更换适合游戏的服装、鞋子 2.注意玩水、玩沙时的安全 3.游戏时慢慢走，不奔跑	手部和腿部肌肉的发展	合作能力、想象力、沟通能力、观察能力
勇攀高峰（攀爬区）	1.有序排队 2.抓牢、拇指锁住绳索 3.保持双手在身体上方的攀爬动作，正确抓握绳索 4.保持安全距离 5.活动前铺上安全垫	攀爬：正握锁住，异侧手脚协调配合，平行或上下移动 钻：正面钻、弯腰、紧缩身体 悬垂：双手正握抓牢绳索、双手悬挂、双手抓牢绳索向上爬	灵敏、协调、上下肢力量、腰腹力量、空间方位、耐力、平衡感
暖心小筑（游戏小屋）	1.能注意进出小房子的安全 2.会合作创造	能创设情境	沟通能力、语言能力、合作能力，发展社会性
缤纷乐园（大型组合运动器械区）	1.正握抓牢吊环、绳索 2.有序排队 3.保持安全距离 4.活动前铺上安全垫	悬垂：双手正握抓牢吊环、双手悬挂、双手单杠向前移动或双手双杠向前移动 攀爬：正握锁住、异侧手脚协调配合、上下移动两手握绳、坐在两绳之间的横板座位上	上下肢力量、腰腹力量、平衡感、耐力、灵敏度、协调性、空间方位

（2）户外混龄自主游戏的内容。（见表5-3-3）

表5-3-3 户外混龄自主游戏的内容

金幼大道 交通主题活动	欢乐谷 角色扮演主题	水墨印象 写生活动	沙水乐园 沙区主题活动	勇攀高峰 攀爬主题活动	暖心小筑 游戏主题	缤纷乐园 器械主题内容	童心建构 建构主题活动	疏香乐园 种植主题活动
1.马路上交通安全伴我行 2.有趣的交通工具 3.我会保护自己 4.了解交通规则和认识红绿灯	1.我是小画家 2.小鬼当家 3.今天我来做主 4.欢迎来我家 5.甜点屋 6.面包店	1.小池塘 2.美丽的花儿 3.我的乐园 4.小鱼游啊游 5.野猫 6.我的小房子 7.墨趣	1.烽火台 2.长城长 3.长长的隧道 4.趣味迷宫 5.绕山大桥 6.快乐山海盗游 7.乌龟喝喝水 8.水车转起来 9.接水管大赛 10.引水工程 11.吹泡泡 12.软管变形记	1.美丽的桥 2.屋顶上的秘密 3.攀爬勇士 4.我是攀爬小能手 5.我快乐我勇敢 6.勇敢的小动物 7.小猴摘桃 8.拯救蓝精灵 9.攀爬小勇士	1.我的游戏我做主 2.快乐城堡 3.我是花宝宝 4.小小房子乐趣多 5.空中小屋	1.小羊走独木桥 2.拯救蓝精灵 3.过小桥 4.有趣的平衡板 5.巧运报纸球 6.快乐的小青蛙 7.我是勇敢的小企鹅 8.小兔采蘑菇	1.城堡 2.美丽的秋天 3.港珠澳大桥 4.长城 5.城市交通 6.凉亭 7.游乐园 8.长长的桥 9.金海岸社区	1.美丽的向日葵 2.红红的番茄 3.可爱的小豆 4.漂亮的格桑花 5.小辣椒 6.大白菜

第四节　实施模式

　　PBL项目式学习模式是指学习者以一种有趣的方式，通过与其日常生活相关、丰富而生动的事件和问题，以一种有趣的方式激发深度学习。PBL项目式学习方法的核心是解决一个有意义的问题，这一问题必须具有挑战性，既能激发幼儿主动思考，又使他们不退缩；可以是抽象的，也可以是具体的，能够让幼儿的学习更有意义；能激发幼儿现有的知识，从而使新体验与原有经验之间产生衔接。

　　幼儿园主题活动对幼儿教师来说并不陌生，甚至教师有着丰富的实践经验，但是在主题活动组织过程中，存在缺乏幼儿主动性、创新性的问题。"如何选择适合幼儿发展的主题？""如何从幼儿生发的'问题链'中，持续推进项目活动？"这些一直是困扰幼儿教师的难题。

　　我园作为广东省学前教育"新课程"科学保教示范项目、"基于项目式学习（PBL）理念幼儿园地方课程发展的合作行动研究"的实验园，教师在开展主题教育工作时主要采用PBL项目式学习方法，为幼儿提供一个感知的平台，引导幼儿思考现实生活中的问题，在"问题链"中学习知识。教师以幼儿为主体，在现实生活情境下，从设计项目，激发幼儿兴趣—衔接经验，架构主题网络—活动探究，开启学习之旅—展示成果，激发自我效能感，通过团队合作解决复杂问题或完成一项综合任务的学习活动，让幼儿在自主探究、自主思考、自主学习中完成任务，培养幼儿发现问题、分析问题、解决问题的能力，培养幼儿的动手能力、沟通能力和团队合作能力，最终实现幼儿的全面发展。

第五节　课程评价

幼儿园课程评价是针对幼儿园课程的特点和组成要素，通过收集和分析比较系统全面的相关资料，科学地判断课程的价值和效益的过程。幼儿园课程评价在整个课程系统中占有举足轻重的地位，因为它既是课程运作的"终点"，又是课程继续发展的起点，而且它伴随着课程运作的全过程。我园参照陈文华教授主编的《幼儿园课程论》一书中的幼儿园课程评价标准，以及虞永平教授主编的《幼儿园课程评价》一书中的评价标准，包括方案评价、过程评价、成效评价三个基本维度，同时结合我园课程的实际，四个不同的课程模块有相同的评价方法，也有不同的具有针对性的评价，如对幼儿发展的评价、对教师执行课程能力的评价和分析等，概括起来，对幼儿、教师、家长的评价如下：

（1）对幼儿的评价：课程评价的对象是幼儿，幼儿的发展是体现课程实施、教育价值最有说服力的材料。我们通过对幼儿的成长档案、个案分析、活动记录、学习故事等进行评价的方式对幼儿进行评价。

（2）对教师的评价：课程评价中我们通过班计划、周计划评价教师对课程的计划与准备；通过教师问卷、教师个人成长档案、随机观察来了解教师成长的情况；从听评课及教师撰写的记录表、论文、分析等方面检查教师的组织形式与教育方式是否适宜有效；师生关系与互动也是评价的重点之一。评价结果可以有助于教师审视教育过程，改进课程，提高幼儿教育质量。

（3）对家长的评价：课程评价中对家长的评价重点就是家长的参与情况，主要以现场活动参与互动的质量、问卷调查为主要方法。

评价表主要包括幼儿多元智能发展观测评估表、幼儿成长档案、中小大班幼儿发展水平观察评估表、区域活动观察记录表、户外混龄观察记录表、幼儿个案分析、集体教学评课表、小中大班幼儿在家评价表。

第六节　人与自我

项目案例1：探"索"

广州市番禺区大龙街金海岸幼儿园大班实施人　罗碧金　指导教师　杨兰

一、项目来源

《指南》提出要珍视幼儿游戏和生活的独特价值，创设丰富的教育环境，合理安排一日活动，最大限度地支持和满足幼儿通过直接感知、实际操作和亲身体验获取经验的需要。在户外自选活动时，虹润、安安等几个人在攀爬区，互相喊着："你滑过来呀！""我像滑滑梯那样滑过去吗？""你拉着绳子滑过来呀！"就这样，几个人在那里你一句我一句地交流，其他几个小朋友就围在那里讨论，看到孩子们对于滑到对面的话题如此感兴趣，回到班上后，我就刚刚发现的趣事，让大家继续讨论，我发现孩子们对于滑索不仅存在着好奇，还有很多想探索的欲望。

二、项目网络图

师幼共同生成网络图。（见图5-6-1）

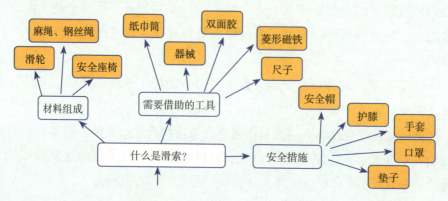

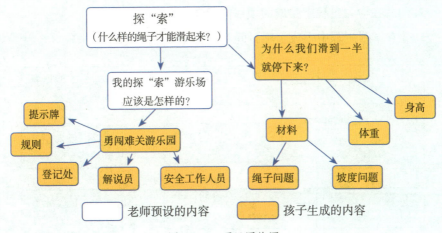

图5-6-1 项目网络图

三、项目活动目标

1. 预设目标

（1）能够通过多种途径收集滑索需要的材料、工具和安全措施。

（2）通过探索和学习总结自己对滑索的了解。

（3）能用符号、绘画等方式去记录和总结自己的办法。

（4）活动时能与同伴分工合作，遇到困难时能一起克服，与同伴发生冲突时能互相协商解决。

2. 生成目标

（1）在游戏中能大胆提出自己的设想和想法（如自己绘画，设计安全椅，等等）。

（2）学会遵守规则，互相帮助、互相体谅，遇到困难时提出自己的疑问，并和大家一起解决。

（3）在游戏中提高自己的合作意识和安全意识。

（4）能对材料、规则等进行创新。

（5）大胆地挑战自我，感受游戏带来的快乐。

四、项目的驱动性问题

1. 驱动性问题

什么样的绳子才能滑起来？

2. 幼儿在学习过程中生成的项目问题链

幼儿在学习过程中生成了项目问题链。（见图5-6-2）

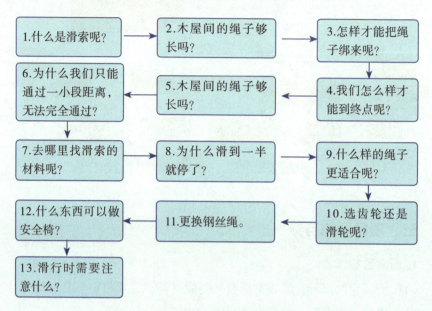

图5-6-2　项目问题链

五、项目主要学习内容

项目学习内容。（见表5-6-1）

表5-6-1　项目学习内容

项目阶段	项目活动内容	投放及运用材料或者说明
收集滑索经验	通过团队讨论，总结各自在生活中探索过的滑索的经验	鼓励幼儿分享自己的滑索经验，如在商场里玩过滑索和玩过丛林探险的游戏
木屋之间的绳子是否够长	实地考察、团队讨论、个人绘画设计图、实际尝试绳子是否够长，观察场地的实际情况，借助场地器材，等等	幼儿通过实地操作发现绳子不够长，想到借助汽车、旁边的器材以及同伴帮助自己
怎样才能将绳子绑起来	两边拉直、打结需要同伴的协助、教师的帮助	通过探索发现，绑绳子需要两边拉直，还需要同伴的帮助才能打结，不然绳索就会向前移动

项目阶段	项目活动内容	投放及运用材料或者说明
如何做才能到达终点	寻找滑索材料（双面胶、纸巾筒、手套）、尝试滑行、总结以上材料的适宜程度，判断是否能帮助自己到达终点	在滑行过程中发现手套无法滑行，双面胶无法承受人的重量，纸巾筒可滑行但无法到达终点
什么原因导致只能通过一段距离	幼儿进行小结，寻找更加适合、安全的材料，开始分配工作，纸巾筒在滑行过程中因摩擦穿洞导致手磨伤	幼儿通过小结，觉得需要更换材料，但在尝试过程中，滑行时纸巾筒发生摩擦穿洞导致手磨伤
什么样的滑索材料更适宜	分组寻找材料（木板、瓶子），可以滑行到中途，发现由于惯性问题无法向前滑行，也没有过多力量，知道佩戴手套，制作拉绳	通过滑行发现需要佩戴好手套和做好安全措施，在保护自己的同时也要保护他人
为什么我们只能通过一小段距离	继续尝试，小结分享自己的经验——由于坡度问题和材料问题	鼓励幼儿分享发现的问题，并且能主动地寻找问题所在
对比适合滑行的滑轮	团队讨论、购买滑轮	一起通过视频图片对比发现滑轮比较适宜滑行，齿轮无法进行操作
什么材料可以做安全椅	寻找更多的木板、绘画制作安全椅设计图、寻求叔叔帮忙切板、打洞、买钢丝绳	分组完成各自的内容，并会请求叔叔的协助和帮忙
我的探"索"游乐场	分工合作，制作安全提示牌、游玩登记、工作证，制作邀请函宣传海报，并命名为探"索"勇闯难关游乐园	粘贴提示牌，派发宣传单，分享收绳子办法；游乐园开业，向游客介绍海报，让游客签到，给他们佩戴安全帽、手套，讲解坐上去需要注意的安全事项，滑下来的游客要解开安全帽

六、项目探究过程

团讨一：通过视频、图片了解滑索

什么是滑索呢？在教师的讲授下，幼儿通过视频图片了解滑索。（见图5-6-3）

（a） （b）

图5-6-3 了解滑索

燃燃：我见过滑索，是要有安全带的。

辰辰：是不是人坐在上面后可以滑到对面去？

舜羽：我在永旺见过，是用手抓住上面的绳子，然后往下滑。

教师小结：

我班大部分幼儿在商场里玩过滑索和玩过丛林探险的游戏，并有一定的知识经验，但是对滑索认识较少，通过团讨大家产生了以下问题：①羽羽：木屋间的绳子够长吗？②虹润：怎么样才能把绳子绑起来呢？③蒋睿辰：我们怎么样才能到达终点呢？

团讨二：木屋间的绳子够长吗？

（1）探索前实地考察。（见图5-6-4）

（a） （b）

图5-6-4 进行实地考察和团讨

虹润：我觉得木屋间的绳子不够长。

舜羽：我觉得应该把绑在木屋边上的绳子加上，这样才够长。

睿辰：如果够长，那要多高呢？是不是先测量人的身高，看看绳子会不会碰到头。

子璎：我觉得我们可以分组做计划呀。

舜羽：但是我想自己做计划，说不定每个人的办法不同呢！

（2）通过团讨，大家最后决定制订个人计划。（见图5-6-5）

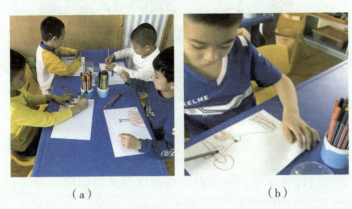

（a）　　　　　　　　　　　　　　　（b）

图5-6-5　开始制订个人计划

（3）分享自己的计划。（见图5-6-6）

（a）

（b）

图5-6-6 实地团讨，分享自己的计划

（4）根据自己的计划，孩子们通过对比身高寻找绳子合适悬挂的高度（见图5-6-7），发现绳子不够长，提出借用旁边的小汽车来辅助自己到达终点（见图5-6-8）。

图5-6-7 对比身高　　　　图5-6-8 绳子不够长，小汽车来帮忙

（5）借助户外器材，看看能否绑在一起，发现绳子还是不够长。（见图5-6-9）

（a）　　　　　　　　　　（b）

图5-6-9　增加户外器材尝试

辰辰：我们班上有蓝色彩带。

回到班上，乐乐马上裁剪蓝色彩带，但是发现绳子不好绑，而且如果要滑过去也没有办法到达终点。（见图5-6-10）

（a）　　　　　　　　　　（b）

图5-6-10　增加蓝色彩带尝试

探索后发现的问题（幼儿小结）：

瞳瞳：我发现绳子还是不够长。

洋洋：我们也不会打结。

辰辰：而且绳子会掉下来。

俊铭：车和积木没啥用，会挡住我们，根本就滑不过去。

教师小结：

在课程开始时进行实地调查，针对没有太多经验的幼儿，让幼儿先对比

45

再试验，他们往往会发现现实与想象中是不太一样的，从而增加了孩子们对滑索的进一步了解，为他们后面的探索做好铺垫。

（6）从个人到分组，重新制订计划和所需的材料。（见图5-6-11）

（a）　　　　　　　　　　（b）

（c）　　　　　　　　　　（d）

图5-6-11　分组讨论

（如果每个人制订计划的时间太长，我们就得一直等待，大家就没有办法都进行尝试了。）

辰辰：一圈蓝色丝带或者去找一些长的绳子。

子璎、李虹润：那蓝色丝带不够长怎么办？

辰辰：不够长就全都接起来。

（7）按照计划开始寻找绳子、垫子。（见图5-6-12）

（a）

（b）

（c）

图5-6-12　寻找绳子、垫子

孩子的学习行为有哪些?

（1）发现问题并会提出解决的办法。

（2）发现绳子不够长，自己不会打结（寻找会打结的伙伴）。

（3）发现自己的设计图不合理，并且为了节省时间没有重新制定设计图，而是采取了由个人到小组的形式转换。

（4）会倾听他人的意见和互相配合。

教师反思:

通过制订计划、实地考察与尝试，分享自己的发现，幼儿逐步明确自己的想法。例如，分组制订新的计划，这样可以节省时间并能更快地发现问题和解决问题，并为幼儿提供书写工具，便于图文表达，让幼儿体会到标志、文字符号的用途。

团讨三: 怎么样才能把绳子绑起来?

（1）大家合力搬走器械、绑绳子，不会打结的拉绳子，会打结的打结。

（见图5-6-13）

（a）　　　　　　　　　　　　　（b）

图5-6-13　一起合力绑绳子

第一次尝试绳子是否可以通过。（见图5-6-14）

（a）　　　　　　　　　　　　　（b）

图5-6-14　第一次尝试绳子是否可以通过

乐乐：为什么绳子总是塌下来，绳子打结是否要往前移，我需要有人帮助。

（2）幼儿小结

辰辰：那么多器械在下面，会影响我们滑过去。

乐乐：辅助的东西都不要了。

虹润：手很痛，我要加上防痛的手套（升旗礼手套）。

孩子的学习行为有哪些?

（1）绳子绑起来需要两边拉好长度并固定好长度。

（2）绑绳子打结需要一个人在前面拉住，一个人在后面打结，这样绳子就不会向前滑。

（3）懂得保护自己，增加保护手的材料和手套。

（4）寻找可以滑行的材料。

教师反思：

在商量绑绳子的过程中，幼儿从各忙各的到现在的互相配合、明确分工并大胆地发表自己的意见，慢慢形成良好的社会交往能力和合作意识。在这个过程中我们教师始终秉承着以幼儿为主体的理念，让幼儿大胆地尝试，并通过最后的幼儿小结来帮助幼儿获得相关经验。

团讨四：我们怎么样才能到达终点呢？

（1）在班级寻找适合滑行的材料，对比厚度，用升旗礼手套保护自己的小手。（见图5-6-15）

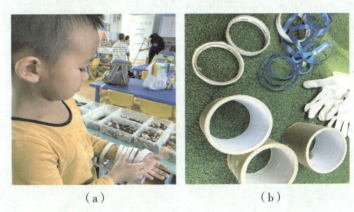

（a）　　　　　　　　　　（b）

图5-6-15　在班级里寻找到圆形双面胶和纸巾筒

（2）加入双面胶圈、纸巾筒、手套等材料，小朋友用扶着的方式尝试第一次滑行。（见图5-6-16）

（a）　　　　　　　　　　（b）

图5-6-16　加上材料第一次滑行

通过滑行发现双面胶、蓝色丝带会断。（见图5-6-17）

（a）　　　　　　　　　　　　　　　　（b）

图5-6-17　通过滑行发现双面胶、蓝色丝带会断

（3）幼儿分析材料的问题和适宜度。（见表5-6-2）

表5-6-2　幼儿分析五种材料的问题和适宜度

材料					
	思璇：手套没有办法滑行，因为手套的摩擦力很强，手挂在绳子上很痛	羽羽：1.丝带不能太长，而且丝带绑太紧会卡，如果松一点会不会好一点 2.丝带断了也有可能是因为体重的原因 睿洋：人比绳子重很多，绳子会塌下去，绳子也会断	俊铭：双面胶是因为重量的问题，我觉得如果有个东西可以推送一下就更好过去（瘦小的小朋友应该可以）	虹润：我觉得可以寻找同样的麻绳，这样就不会塌下去了	通过探索发现五种材料中最适宜的是纸巾筒

子璎：我觉得要准备垫子和安全帽，这样才比较安全。

开始寻找更多的纸巾筒和询问叔叔有没有多余的安全帽，以便保护自己。

叔叔：没有多的安全帽，而且这个帽子有点大，要不你们再去找找。

成豪：我想到了，我们去拿我们骑平衡车的安全帽。

增加安全帽，重新绑绳子尝试滑行。（见图5-6-18）

（a）　　　　　　　　　　　　　（b）

（c）

图5-6-18　增加安全帽，重新绑绳子尝试滑行

幼儿小结：

发现纸巾筒的摩擦力很强，绳子掉毛会让人打喷嚏，蓝色丝带易断是由于重量的问题，导致我们还没有滑到地板就断了。绳子寻找再粗一点的，绳子的长短要考虑到人的重量，还要佩戴口罩、头盔、护膝、垫子来保护自己。

孩子的学习行为有哪些？

（1）再次尝试滑行，发现纸巾筒滑的速度越来越快，滑得比之前更远。

（2）同时也发现蓝色丝带根本滑不起来，并且根本承受不住太大的体重。

（3）通过探索总结出五种材料，目前合适的只有麻绳、纸巾筒。

（4）注重安全问题，增加安全防护材料保护自己，如口罩、垫子、头盔、护膝。

教师反思：

在活动过程中，幼儿发现蓝色丝带无法承受人的重量，麻绳、纸巾筒在滑行过程中也会产生摩擦，通过小结与幼儿一起解决问题，并帮助幼儿总结和记录下最适宜的材料，探索有关麻绳为什么可以滑行的知识。

团讨五：为什么我们只能通过一小段距离，但无法完全通过？

（1）寻找更加合适、安全的材料，如粗的麻绳、纸巾筒、口罩、头盔、护膝、垫子。（见图5-6-19）

（a）　　　　　　　　　　　　　　（b）

图5-6-19　寻找更加合适的材料

（2）开始分工合作：有搬垫子的，有绑绳子的。（见图5-6-20）

（a）

（b）

图5-6-20 分工合作

（3）发现绳子还是会松动，请老师帮忙绑得更紧。（见图5-6-21）

图5-6-21 请老师帮忙打结

（4）纸巾筒在滑行过程中产生摩擦，纸巾筒穿洞导致手磨伤。（见图5-6-22）

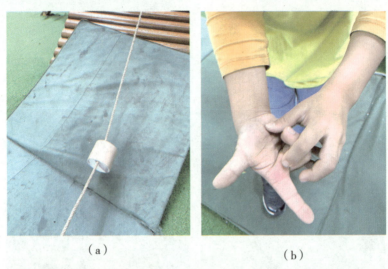

（a）   （b）

图5-6-22   发现自己的手会划伤

（5）马上寻找新的材料尝试，把绳子解开，让绳子形成坡度，这样就可以滑起来了。（见图5-6-23）

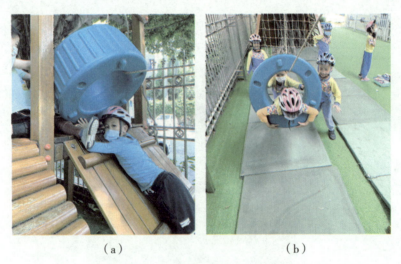

（a）   （b）

图5-6-23   加上户外圆形器材尝试滑行

但孩子们觉得这个太费力气，而且这些材料很重，会导致绳子直接碰到地面。

孩子的学习行为有哪些？

（1）在寻找材料的过程中能辨别材料的适宜度。

（2）能对游戏的内容、玩法进行创新，提高自己的创新能力。

（3）在游戏中勇于提出自己发现的问题，形成自主探索的意识。

（4）知道绳子与绳子之间需要形成一定的坡度才能滑过去。

教师反思：

孩子们对麻绳、纸巾筒进行探索，发现麻绳的摩擦力很大，导致在滑行中纸巾筒破损手受伤。后来想到新的办法，让麻绳变得有一定坡度，以此减少麻绳的摩擦力，但发现还是无法滑行，于是尝试更换器材。由于人的重量导致绳子往下拉伸时无法滑行，因此想到更换新的材料。

团讨六：去哪里找滑索的材料呢？

发现钢丝绳。（见图5-6-24）

图5-6-24　发现钢丝绳

成豪：那边有个绳子我们去看一下。

成豪：为什么这个钢丝绳我们这么多人踩上去它也不会碰到地面？

墨言：对呀，我们也可以用钢丝绳呀！

瞳瞳：我们也可以找手可以抓住的那种呀！

睿辰：我觉得我们自己也可以这样做一个座椅，像这个秋千一样。（见图5-6-25）

图5-6-25　模仿秋千做一个安全椅子

墨言：用什么做？

成豪：去找呀。

团讨七：分组寻找材料

（1）第一组寻找到可以穿绳的塑料瓶子。（见图5-6-26）

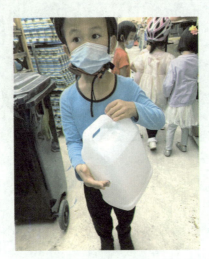

图5-6-26　找到塑料瓶子

用塑料瓶子尝试滑行。（见图5-6-27）

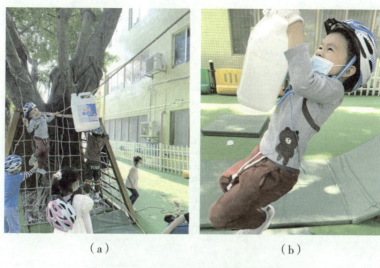

（a）　　　　　　　　　　（b）

（c）

图5-6-27　用塑料瓶子尝试滑行

双手拉着瓶子可以滑到绳子中间了。

但是发现每次都只能滑到绳子中间，每次到绳子中间时，瓶子就已经没有惯性向前滑行了，孩子们因没有更多力量握住瓶子导致掉下来。瓶子挂在半空中，孩子们想把瓶子推送回起点，通过大家合力把绳子往下扯，但还是拿不到瓶子并且被绳子刮到了手，虹润在那里哭，看着好痛呀。

虹润：我要戴手套，我的手好痛。

轩轩：我们在瓶子上面绑一个绳子拉过来，可以吗？（见图5-6-28）

图5-6-28　剪绳子

手套重新戴上不能摘下来，一起剪绳子绑在瓶子上。

（2）第二组找到木板，没有找到钢丝绳，一起讨论如何才能把木板绑好。（见图5-6-29）

（a）　　　　　　　　　　（b）

图5-6-29　团讨：如何绑好木板

墨言：我觉得木板变成秋千那样两边都要有绳子才行，而且上面还要挂一个扣子方便木板滑过去。

① 大家根据设计图，测量两边是否对称，画点绑绳。（见图5-6-30）

图5-6-30　画点绑绳

② 尝试不同的坐法。（见图5-6-31）

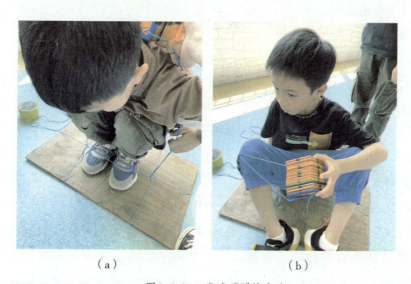

（a）　　　　　　　　　　　　（b）

图5-6-31　尝试不同的坐法

③ 尝试滑行。（见图5-6-32）

图5-6-32　尝试滑行

墨言：就是那个木板总是变形（绳子没有固定好），木板的边角容易刮到手。

辰辰：绳子不牢固，老是松开。

墨言：人站在板上面不平衡，绳子还需要固定一下，更换新木板，磁铁也要换一个钢铁的。

孩子的学习行为有哪些？

（1）会用画图的方式表达自己的想法并不断总结、尝试。

（2）会通过简单手量的计算方法来测量两边是否对称，用画点的方法来记录测量数据。

（3）结合科学区的滚球经验，认为如果形成一个坡度会更好地到达终点。

（4）解决滑索过程中木板的平衡问题。

教师反思：

幼儿通过寻找材料想到可用钢丝绳，但在寻找过程中无此材料，于是尝试塑料瓶和制作安全座椅，继续解决无法滑过去的问题。但通过自己的亲身体验总结出制作的安全椅由于不平衡而导致出现安全隐患，于是幼儿们想到了用齿轮和滑轮，并结合科学区获得的经验使安全椅形成坡度到达终点。

团讨八：那选齿轮还是滑轮呀？（回到班里大家一起团讨）

（1）讨论买材料。（见图5-6-33）

图5-6-33　讨论买材料

瞳瞳：我觉得我们应该选择滑轮，因为滑轮可以滑起来，我们在后面推动，它就可以走了。

墨言：而且我们的绳子放低又滑不过去，如果放高女孩子又怕，我们可以分成两组，一组高的，一组低的。

子璎：那如果这样我们还不如直接去邀请弟弟妹妹来玩，然后一边是大班，一边是中班、小班。

（2）根据大家的意见，几个小朋友开始一起在网上挑选、购买合适的滑轮。（见图5-6-34）

（a）

（b）

图5-6-34　网上挑选材料

团讨九：什么东西可以做安全座椅？

（1）寻找可以制作安全座椅的材料：呼啦圈（会变形）、轮胎（上面有洞洞我们可以直接把绳子绑上去）、木板（好像有点大，不够厚，拿三块加一起），并进行对比。（见图5-6-35）

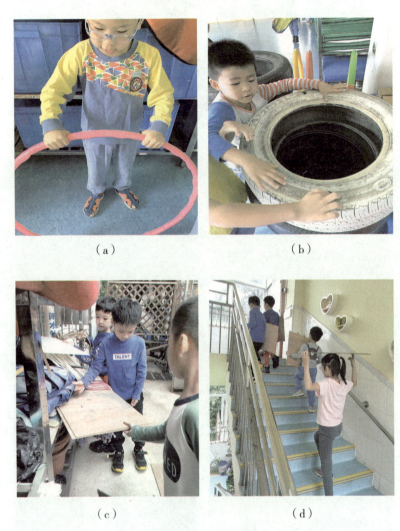

（a）   （b）

（c）   （d）

图5-6-35 对比材料

（2）发现轮胎没有洞，想到请叔叔帮忙打洞。（见图5-6-36）

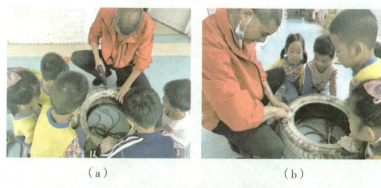

（a）　　　　　　　　　　（b）

图5-6-36　请叔叔帮忙打洞

（3）请老师一起帮忙穿绳、打结。（见图5-6-37）

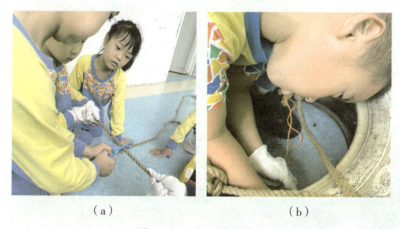

（a）　　　　　　　　　　（b）

图5-6-37　加固安全椅子

（4）开始对比长短，人坐上去是否适合，一起合力完成。（见图5-6-38）

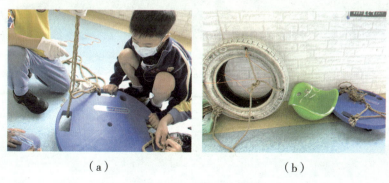

（a）　　　　　　　　　　（b）

图5-6-38　一起合力完成

（5）板块加厚（用双面胶粘贴住）。（见图5-6-39）

图5-6-39 坐上去尝试

（6）购买的滑轮（拿快递）。（见图5-6-40）

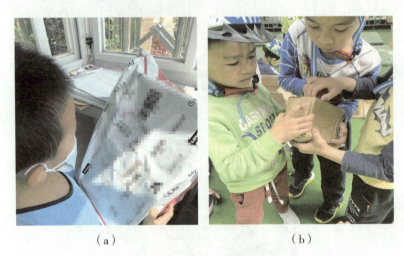

（a）　　　　　　　　　　　　　（b）

图5-6-40 滑轮到货

（7）再次投入材料：滑轮板、轮胎、安全帽、护膝、滑轮。（见图5-6-41）

图5-6-41 加入新的材料

（8）使用滑轮尝试滑行（好快呀，好好玩！）。（见图5-6-42）

图5-6-42 加入滑轮尝试滑行

（9）加上轮胎、木板尝试滑行。（见图5-6-43）

（a）

（b）

图5-6-43 加上轮胎、木板尝试滑行

（10）团讨小结

通过尝试，总结出滑轮的速度非常快，绳子由于轮胎的重力，一滑行就向下垂，绑的绳子也过长，绳子还需选择钢丝绳，且必须形成坡度和重新制作安全座椅。

谁可以帮助我们买钢丝绳呢？叔叔那里有没有呢？（寻找叔叔的帮助，叔叔答应帮忙买绳子，见图5-6-44）

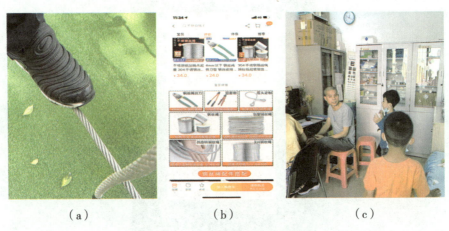

（a）　　　　　　　（b）　　　　　　　（c）

图5-6-44　找叔叔帮忙购买钢丝绳

（11）继续制作安全座椅，坐在板上面比大小，画记号。（见图5-6-45）

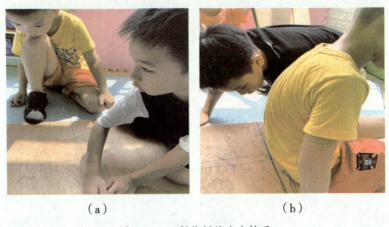

（a）　　　　　　　　　　　（b）

图5-6-45　制作新的安全椅子

辰辰：我们要把木板切成四块板，拼接做成一个小的安全椅，然后再做一个大的。

① 找叔叔帮助（我们在监控室看看他在哪里）。（见图5-6-46）

图 5-6-46 在监控室寻找叔叔所在的位置

② 切板、打洞（对比打洞钉的大小是否适合麻绳）。（见图5-6-47）

 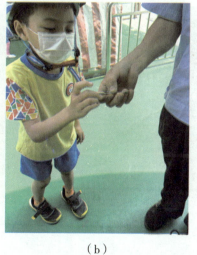

（a） （b）

图5-6-47 切板、打洞

③开始穿绳、做座椅。（见图5-6-48）

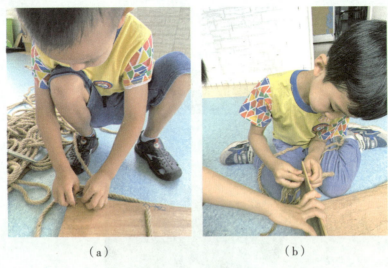

（a）   （b）

图5-6-48　绑绳子

叫叔叔来帮助绑钢丝绳，并成功地挂上去。叔叔建议在安全座椅上装螺丝，这样能保持平衡且不容易受伤。（见图5-6-49）

（a）   （b）   （c）

图5-6-49　加上安全椅子尝试

④粘贴大、中、小年龄段标志。（见图5-6-50）

图5-6-50 写年龄段标志

⑤ 滑行前做好安全措施，如加固绳子等。（见图5-6-51）

图5-6-51 加固绳子

⑥ 测试安全绳子是否够长。（见图5-6-52）

（a）　　　　　　　　　（b）

图5-6-52 测试绳子的长度

⑦ 开始滑行（两条滑索不停地尝试），这是坐安全椅第一次尝试。（见图5-6-53）

（a）　　　　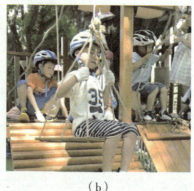（b）

图5-6-53　坐安全椅第一次尝试

洋洋：我们发现其他班有好多小朋友喜欢玩滑"索"，我们也邀请他们一起来玩吧，小朋友你一言我一语商量如何邀请弟弟妹妹一起来玩，以及他们要做哪些准备工作。

孩子的学习行为有哪些?

（1）会设计安全椅并考虑其安全性。

（2）通过滑行，幼儿可以判断安全座椅的适宜度，然后进行调整。

（3）会根据年龄段来设计绳子的高度。

教师反思：

幼儿通过探索，发现安全椅的问题，并制作出新的安全椅，并相互配合不断地调整安全座椅的高度，互相提醒滑行时遇到的安全问题。例如，我们的脚不能踩到安全椅的绳子，手要抓住两边绳子保持我们的身体平衡，身体往前坐，不能坐得太靠后，以避免从后面摔下来。

（12）我的游乐场开始准备工作

粘贴提示牌，派发宣传单，分享收绳子办法。

孩子们分工合作，制作安全提示牌、游玩登记、工作证、邀请函等，并且制作了宣传海报，命名为探"索"勇闯难关游乐园。（见图5-6-54）

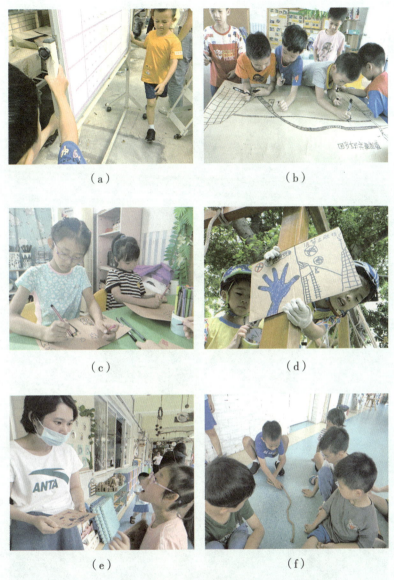

图5-6-54 设计邀请函、展示板，邀请弟弟妹妹来游乐场

（13）我们开业啦！

①介绍海报。（见图5-6-55）

图5-6-55　介绍探"索"游乐场

②签到。（见图5-6-56）

图5-6-56　登记名字

③给弟弟妹妹佩戴安全帽、手套。（见图5-6-57）

（a）　　　　　　　　　　　　　　（b）

图5-6-57　给弟弟妹妹戴安全帽、手套

④ 讲解坐上去要注意的安全事项。（见图5-6-58）

图5-6-58 讲解注意事项

⑤ 滑下来的小朋友解开安全帽。开业时好多人呀，真是开心的一天。（见图5-6-59）

图5-6-59 帮忙解开安全帽

⑥ 活动小结。

询问老师、小朋友在"探'索'勇闯难关游乐园"时的体会和建议。（见图5-6-60）

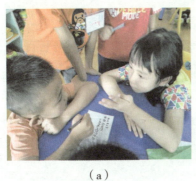

（a）

（b）

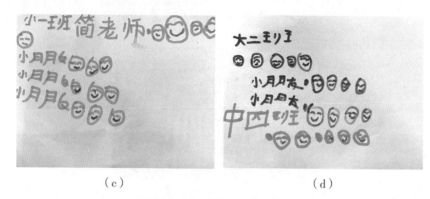

（c）　　　　　　　　　　　　　　（d）

图5-6-60　收集对游乐园的意见

经过调查，大家都给出了很高的评价，孩子们还收集到了很多建议。在这个过程中小朋友面对同伴会用礼貌的语言去询问，遇到弟弟妹妹会弯腰蹲下来，很亲和地询问他们的感受和想法。

七、项目活动反思

1. 幼儿成长

（1）在探"索"的过程中能分享自己的经验和方法，提高了自己的信息收集能力。

（2）知道结合科学区的经验，让绳子形成坡度。

（3）学会了不断地尝试探索，发现不适宜的材料要及时更换。

（4）学会了团结友爱、互帮互助，并懂得在保护自己的同时也要保护他人。

（5）通过探"索"学习让自己想说、敢说、喜欢说。

（6）能对滑索内容、材料、环境、场地进行宣传和布置，能与同伴分工合作，遇到困难能一起克服。

2. 教师的成长：支持策略的改变

通过和幼儿一起探索，提高了自我评价的能力，并调整自己的授课策略，同时，在探索的过程中要"充分相信幼儿的能力，并适时给予指引"。一切都要从幼儿的兴趣点出发，因为幼儿的成功和喜欢都是源于自己的兴趣。在探索中能看到幼儿为项目寻找材料，体验到经过探索克服困难的喜悦，是件令人开心的事。我愿永远做幼儿的支持者和鼓励者，和他们一同学习、探索，共同进步、成长。

八、幼儿经验地图

幼儿经验地图。（见图5-6-61）

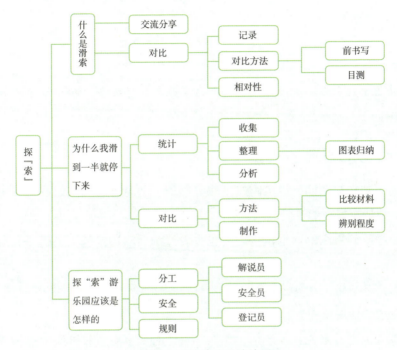

图5-6-61 幼儿经验地图

九、班级主题墙

班级主题墙。（见图5-6-62）

图5-6-62 班级主题墙

注：本案例属于广东省学前教育"新课程"科学保教示范项目"基于项目式学习（PBL）理念幼儿园地方课程发展的合作行动研究"（编号：2020XQXKCB03）的研究范畴。

项目案例2：彩虹画展

广州市番禺区大龙街金海岸幼儿园大班实施人　刘秋玲　指导教师　李雪梅

一、项目来源

周一刚到幼儿园，恩淇跑过来跟老师说："老师，周末妈妈带我去看了画展，里面有好多漂亮的画哦！"

子逸听到恩淇的话也说："我也去看过画展，还是爸爸妈妈一起带我去的呢！"

天祎、泰铭、万馨三个小朋友也异口同声地说："我也去看过啊！""我还去看过其他展览呢！"

天天也走过来说："老师，我们小班的时候也有看过画展，还是在我们幼儿园呢，里面还有我们的作品。"

恩淇说："嗯嗯，我也记得。我们现在都大班了，是不是也可以办个画展啊！"

越来越多的小朋友也围了过来说："是啊！我们也来办一个，把我们的作品展示给他们看。"

根据孩子们的兴趣点，他们好想有一个属于他们自己的画展，我们师幼一起讨论：怎样办一个画展？最后师幼一起生成项目活动。

二、项目网络图

师幼共同生成网络图。（见图5-6-63）

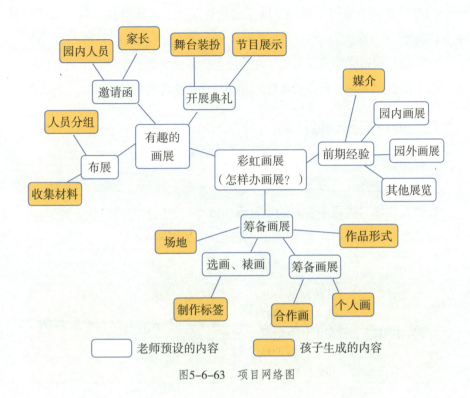

图5-6-63　项目网络图

三、项目活动目标

1. 预设目标

（1）通过实践了解周边博物馆里的画展布展、布局等。

（2）通过水墨的各种作画形式来展示自己的作品。

（3）能够将所闻所见用自己的语言表达出来。

（4）能够相互合作，布置画展。

（5）共同讨论，一起制作画展邀请函。

2. 生成目标

（1）知道戒刀是尖利的工具，在使用时会做好保护，知道划伤后简单的处理方法。

（2）通过制作作品，提高幼儿的想象力和创造力。

（3）在布展过程中，幼儿懂得沟通、合作，小组或个人能够大胆地展示作品或成果。

（4）了解到布置一个画展，除了需要作品外，还要利用一些装饰性材料来突出美感。

（5）幼儿通过合作完成布展，在感受美、体验美的过程中，增强自信心。

（6）能运用多种材料布置画展，并用量化标准评价自己在活动中的表现。

四、项目的驱动性问题

1. 驱动性问题

怎样办画展？

2. 幼儿在学习过程中生成的项目问题链

幼儿在学习过程中生成了项目问题链。（见图5-6-64）

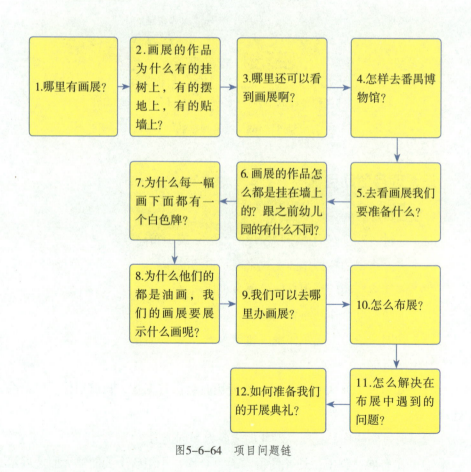

图5-6-64　项目问题链

五、项目学习内容

项目学习内容。（见表5-6-3）

表5-6-3 项目学习内容

	项目阶段	项目活动内容	投放及运用的材料或说明
1	前期经验	用统计报统计看过画展的人数，分享每个展览的优点	分享各种展览的照片，和幼儿一同探索展馆的不同展示方式，鼓励幼儿记录并进行分享
2	参观博物馆的准备	在大人的陪同下通过上网、访问老师、凭借已有的经验等方式收集时间、交通、门票等相关信息	电子产品、物品记录表
3	实地考察画展	幼儿自主探索画展的摆放方式、结构、画的种类	提供充足的时间，幼儿记录、访问、观察、问题清单
4	筹备画展	多种形式进行水墨作画、选画、裱画，制作标签	提供作画工具，教师整理幼儿筛选好的作品，并记录下幼儿的问题
4	确定摆画展场地	考察木屋场地，以投票的方式决定地点	提供投票材料，尊重幼儿的意愿
5	怎么布展	自主分组，设计图纸。用不同方式进行布展，大胆收集材料	支持幼儿去向其他班借材料
6	怎样解决在布展中遇到的问题	绳子打上结，用胶纸粘贴牢固，继续添加丰富的材料	提供各种各样的工具，幼儿通过分享、比较，从中积累生活经验
7	筹备开展典礼	开展典礼的流程、人员的安排，舞台的设计，及开展时的相关流程	欣赏、肯定幼儿的表演，教师协助幼儿准备开展时所需的物品

六、活动过程

（一）前期经验

（1）调查我去看过哪里的画展？

统计：外出看过画展的有9个小朋友，没有外出看过的有25个小朋友。

（见图5-6-65）

在完成调查表的团讨过程中，礼熙说："我没有出去看过画展，但是我之前在妈妈手机上看过，里面有很多的绘画作品，摆得很好看。"立扬："我在抖音上也看过哦！里面有好多好多的画，你们回家去也可以去看看哦！"

有些孩子外出看过画展，有些孩子从电子产品上了解过画展，有74%的孩子除了在幼儿园看过画展外，并没有在其他地方看过画展。但是孩子们去参观过其他展馆，如艺术馆、博物馆等。

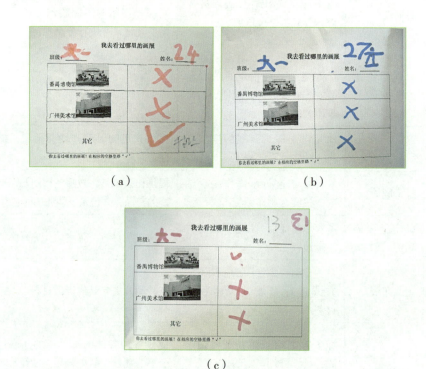

（a）　　　　　　　　（b）

（c）

图5-6-65　调查表

（2）参观各种展览。

家长利用周末的时间带孩子们去参观博物馆、艺术馆等。小朋友发现每一个展览的呈现方式都是不同的，各有特色。小朋友就更想筹办属于他们自己的特色画展了。在自己办画展之前，他们准备周六先去番禺博物馆看看那里的画展。（见图5-6-66）

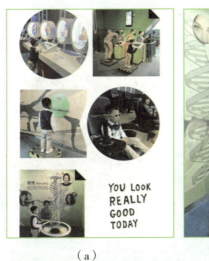

（a）　　　　　　　　　　（b）

图5-6-66　参观各种展览

（3）回顾《画说》画展。（见图5-6-67）

图5-6-67　回顾《画说》画展

航航：为什么有些作品挂天上，有些放地上，有些挂墙上？

萱萱：我都没有看过这个画展呢，因为那时候我还没来金海岸，去哪里可以看到画展呢？

听到萱萱的话，好多小朋友都说："是哦，那时候你都没来，没看到画展。"

瑞宸：是啊，老师我也没有看过，妈妈在网上都没有查到去哪里可以看画展。

教师：刚好番禺博物馆本周六有画展哦，小朋友都可以过去看哦！

（4）小朋友们都想知道为什么作品挂得不一样，去找冼老师了解，为什么有些作品挂在天上，有些摆在地上，有些挂在墙上？（见图5-6-68）

图5-6-68　询问美术老师

航航：这个我们需要了解一下。

佳佳：问老师呗！

子逸：问冼老师。

奕辰：因为她是美术老师。

冼老师：有些作品是立体的，有些作品是平面的，因此展示的方式就不同，看起来也更美观。

孩子的学习行为有哪些？

（1）分享使用电子产品的经验，能借助互联网了解到更多有关画展的信息。

（2）了解到画展的摆放布局，提升幼儿的审美能力。

（3）主动寻求成人的帮助，以解答自己心中的疑问。

教师反思：

从幼儿的调查表中，发现我们班的孩子除了在小班时看过幼儿园举办的画展外，大部分都没有外出参观过画展。通过参观各种展览，孩子们发现每个展览的呈现方式不同，各有特色。现在电子产品的使用在孩子的学习中起到了重要作用，使他们掌握了上网查找信息的技能。

在团讨中，大班的幼儿能够大方地和同伴分享自己的参展经验，在分享和交流的过程中，能感受到他们对画展有浓厚的兴趣，他们希望能够一起外出参展，看看别人是怎样布置画展的。

（二）不知道番禺博物馆怎么去

了解完作品的摆放，孩子们就说那我们怎么去博物馆呢？

瑞宸：我们可以看导航啊！

文博：我们可以看地图。

天祐：我们也可以现在就找老师看一看啊！（请教老师怎么使用导航，回家查找路线，见图5-6-69）

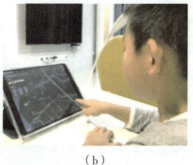

（a）　　　　　　　　　　　　（b）

图5-6-69　查找去博物馆的路线

天天：我们还应该带点什么东西去呢?

翊航：带手机啊。

佳佳：手机啊，拍照用。

天天：我们还要带着问题去，把我们的问题记下来。

他们边说就边记录下来，做出行计划，然后进行分享。（见图5-6-70）

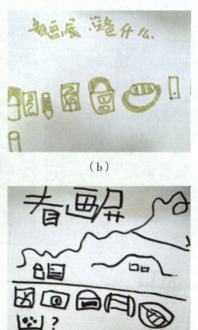

（b）

（a）

（c）

图5-6-70　做出行计划

孩子的学习行为有哪些？

（1）孩子们能够主动去寻找导航路线。

（2）能够想到自己出行所需的物品并画出来。

（3）大胆跟大家分享自己的计划，并根据他人的意见进行调整。

（4）愿意和别人分享、交流自己喜爱的艺术作品和美感体验。

教师反思：

大班孩子具有一定的外出经验，知道需要带上简单的随行物品和需要记录的材料，并能随时做好计划并执行，能大胆分享自己的计划，同时会思考去番禺博物馆想要了解什么。

（三）去番禺博物馆观看画展

周末家长们一同带着孩子去博物馆。在观看画展时，孩子们用他们准备好的手机记录下画展的精彩部分，在观看过程中边看边把自己心中的疑问及时向工作人员、家长、老师提出，并且要了解画展的流程，在观展时还有歌唱表演等形式。（见图5-6-71）

（a） （b） （c）

图5-6-71 观看画展

（四）看完画展团讨

（1）怎么这里的画都是挂在墙上啊？和之前幼儿园看到的不一样？（见图5-6-72）

礼煦：是啊，妈妈说摆画展的方式很多，之前幼儿园那样摆是为了更立体、更好看，而且他们都只是画画，都没有手工，所以全部都是挂着的，不用分类。

航航：之前洗老师说了，有些作品是立体的有些是平面的，他们的作品都是画，所以全部粘在墙上。

图5-6-72 分享观展后的感受

（2）为什么每一幅画下面都有一个白色的牌？（见图5-6-73）

图5-6-73 画展作品下面都有小牌

天天：这是标签。

天天：是告诉里面是几岁小朋友画的，是男孩还是女孩，就是每个人的个人信息。

佳佳：里面还有小朋友的名字。

天天：那我们的作品也要贴上标签。

（3）为什么他们的都是油画？我们的画展要展示什么画呢？

天祎：老师，我看到他们的都是油画。

佳佳：我学过这个，这个色彩好好看啊！

恩淇：那他们是油画，我们用什么来办画展啊？

天祎：水墨画啊！

全班小朋友齐声说："可以啊！可以啊！"（见图5-6-74）

图5-6-74　商讨画展主题

孩子的学习行为有哪些？

（1）孩子们经过现场观摩了解到每一幅作品右下角需要有作品标签和作者名字。

（2）增强幼儿的观察能力，通过参观画展发现作品的摆放高度及展现形式。

（3）能够大胆地提出自己的想法和疑问，对自己的困难能够主动寻求专业人士的帮助（老师、工作人员、家长），提高了幼儿的交往能力、沟通能力及解决问题的能力。

（4）愿意与别人分享、交流自己喜爱的艺术作品和美感体验。

教师反思：

通过本次外出观展，幼儿了解到举办画展的流程。例如，观展前有歌唱表演等。通过实地观察、记录、分享，孩子们知道了画展的展现形式及作品的摆放高度，幼儿能自主结伴进行观赏、观察和发现，实地考察让幼儿更加深入地了解了该怎样办画展，并确定好我们的画展是一个以水墨画作品为主的一个画展。

（五）筹备画展

准备作品

（1）确定开水墨画展后孩子们就进行各种形式的水墨作画

通过个人、小组合作，以滴、滚、喷等形式进行作画。（见图5-6-75）

（a）　　　　　　　　　　（b）

（c）

图5-6-75　多种形式作画

（2）收集各种材料进行装裱作品

孩子们去杂物房收集材料。（见图5-6-76）

图5-6-76　收集材料

（3）装裱作品：选择自己喜欢的作品并进行分组装裱

有些小朋友选择的是用牛皮纸托底，有些是用KT板托底。在裁剪过程中发现直线需要用直的物体量好后再剪，软硬不同的材料需要的工具也不同，托好底后用各种美工材料，如棉球、颜料、扣子等进行装扮边框。（见图5-6-77）

（a）　　　　　　　　　　　　　　（b）

图5-6-77　装裱作品

（4）制作标签

第一次制作时发现，大部分都是看不出是谁的作品，而且字写得太乱、不整齐，只发现一张是工工整整的，能看清楚里面的内容。标签应该填写个人信息（学号、姓名、年龄、性别）。（见图5-6-78）

图5-6-78 第一次制作的标签

第二次制作标签时字写得比较工整。把自己的个人信息写上去，不会写名字的写自己的序号。剪出各种形状，利用一些装饰物进行粘贴会更美观（制作好后粘贴到作品上）。（见图5-6-79）

（a）　　　　　　　　　　（b）

图5-6-79 第二次制作的标签及粘贴标签

孩子的学习行为有哪些?

（1）孩子们知道作品需要托底才会更好看，而且不容易烂掉并能找到自己需要的材料和工具。

（2）发现固体胶粘不牢固时，会尝试用其他胶水进行粘贴。

（3）书写时要字迹工整，这样才能让人看清楚并且美观。

（4）分享经验，互帮互助，提高团队合作意识。

教师反思：

在进行小组装饰时，幼儿的合作交往能力大大提升。在裁剪时，能够根据底板的厚度更换工具，知道牛皮纸比较薄，可以用剪刀剪，KT板比较厚，用戒刀会更容易裁剪，增加了幼儿的生活经验。

发现作品裁剪得不直不够美观时，能够想办法，利用尺子和直的物体量好位置，认真裁剪。锻炼了幼儿手眼协调、动手操作等能力。

知道在使用锋利工具时，要注意安全，做好保护措施，在没有安全措施的情况下，要在老师的陪同下完成。

（六）选地方进行考察

1. 作品装裱好，孩子们接着商量去哪里办画展

子逸：小礼堂。

天天：以前都在小礼堂，不要了吧！

恩淇：操场。

航航：操场太大了，搬太多东西太累了，一天都搬不完。

文博、天祎：小木屋？

天天：去小木屋下雨怎么办？

天祎：看天气预报，下雨就不摆出去，不下雨再摆出去。

子逸：有人同意，有人不同意，我们举手来投票吧！（见图5-6-80）

（1）确定好位置，孩子们就要去考察小木屋了。

最后34人举手表决：同意小木屋23票，不同意小木屋11票

图5-6-80 投票选址

小朋友发现有三个小木屋，收拾完后大胆分享自己的看法，最后决定在三个小木屋当中进行筛选，用贴贴纸的投票方式进行决定，最后选定了中间两个相连接的木屋。

选定它的原因如下：

天天：因为有桥，有树，有屋顶，还可以在树枝上挂东西。

子逸：而且它比较大。

（2）小木屋太大了，我们班美工区材料不够，需要寻找更多的材料。

去借大班组和美工室的材料，自己做好记录借了什么，用完后要把材料归还。（见图5-6-81）

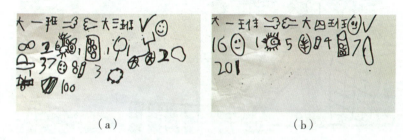

（a）　　　　　　　　　　　　　　（b）

图5-6-81　借材料记录表

（3）小木屋有两个房子和一座桥，需要分小组进行布展。

三位幼儿自告奋勇地想当小组长，其他小朋友也同意了，然后自己选择组别，想去哪里就填上自己的序号。（见图5-6-82）

（a）　　　　　　　　　　　　　　（c）

图5-6-82　人员分组

小组设计图纸，三个小组分别给自己取了组别名字：彩虹组、天空组、快乐组。（见图5-6-83）

（a）　　　　　　　　　　（b）

（c）

图5-6-83　画展设计图纸

2. 开始布展

（1）小朋友把材料搬到小木屋开始布置画展，他们的作品挂不上，便用架子夹住线挂上去。不会绑绳子的找小伙伴一起合作，在布展过程中，孩子们知道作品可以摆放得有层次，有高有低，并能对自己收集到的材料进行装扮。（见图5-6-84）

布置完后进行小结，并让三个组的小朋友分别去参观其他组的作品。最后对自己布置的画展进行评价。

（a）　　　　　　　　　　　　（b）

图5-6-84　第一次布展

（2）发现问题：第二天上学后孩子们都很期待去看自己的画展。但是一去到小木屋就发现存在很多问题：①作品全部被风吹掉了；②绳子松了，画掉了；③材料不够，需要继续添加。（因为作品掉下来后，作品看起来特别少，见图5-6-85）

图5-6-85　发现第一次布展的问题

（3）解决问题：作品需要用胶纸粘紧，绳子要打上死结，还需要再增加绿植、树枝、彩灯等材料进行装饰。（见图5-6-86）

| （a） | （b） | （c） |

图5-6-86　解决问题

（4）在继续布展的过程中，孩子们发现画展还需要一个名牌。

找材料，用螺丝刀戳洞进行穿线，贴上彩虹画展的名字，名牌合作就完成啦！（见图5-6-87）

| （a） | （b） |

（c）

图5-6-87　制作画展名牌

（5）画展完成啦！

在全班小朋友的合作下，大一班彩虹画展完成啦！小朋友都想邀请老师和小朋友们来参观，通过之前参观博物馆的经验，他们都知道画展还需要准备一个开展典礼。（见图5-6-88）

（a）　　　　　　　　　　　　（b）

（c）　　　　　　　　　　　　（d）

（e）   （f）

图5-6-88　画展现场图

（6）如何准备我们的开展典礼？

选用一片空旷的地方当舞台，工作人员安排、排练表演节目，制作邀请函、讲解牌、指示牌（此过程中孩子们既兴奋又期待）。（见图5-6-89、图5-6-90）

（a）   （b）   （c）

图5-6-89　制作派发邀请函

（a）   （b）   （c）

图5-6-90　布置开展典礼现场

（7）开展典礼。

摆好椅子，工作人员到位迎接各位来宾。欢迎园长老师，小朋友家长参观画展。典礼在主持人的开场白下拉开帷幕。（见图5-6-91）

（a）　　　　　　　　　（b）

（c）　　　　　　　　　（d）

图5-6-91　开展典礼现场

（8）收拾画展，归还材料。

展期为两周，结束后孩子们进行撤展，借的材料都要归还回去。（见图5-6-92）

（a）

（b） （c）

图5-6-92 进行撤展，归还材料

（9）画展反馈。

家长、老师、小朋友们纷纷为大一班的小朋友们点赞。特别是讲解员的介绍非常精彩。（见图5-6-93）

图5-6-93 画展反馈

孩子的学习行为有哪些?

（1）鉴赏美、创造美，利用自然类、废物等材料进行装饰，使艺术氛围不断增强。

（2）明白了绳子需要打上死结才能牢固。

（3）学会了用尖锐的东西打洞进行穿线。

（4）学会了自主排练节目，并编排队形。

教师反思：

通过前期准备，在全班小朋友的共同努力下，完成了画展布置，迎来了开展典礼，孩子们非常兴奋，热情高涨。回顾整个项目，让我对孩子有了新的认识，我看到了大一班为办画展团结一致，一起为画展做准备，每个人都具有集体意识。同时，我也看到了孩子们的成长和转变，从遇到问题找老师，到自己想办法解决，遇到意见不统一时，能够采取投票的方式去解决，等等。通过此次项目活动，锻炼了孩子的合作、观察、人际交往等能力。

七、项目反思

（1）回想整个项目过程，幼儿在活动中成长了很多。在参与和了解展览的过程中，能够让幼儿从小感受沉浸式的艺术教育，培养他们对艺术的兴趣，并增加他们的自我认同感，提高他们的自信心和自我表达欲望。

（2）在活动中幼儿能提出自己的问题，会动脑筋想出各种各样的方法去解决问题。提高了幼儿造型摆设的能力及自身的审美能力。通过大家的努力，一起完成的画展，得到了大家的认可，增强了他们的自信心和集体荣誉感。在此过程中锻炼了幼儿的合作能力，提高了他们的交往、沟通等能力。

（3）《指南》也指出：每个幼儿心里都有一颗美的种子，幼儿艺术领域学习的关键在于充分创造条件和机会。5～6岁幼儿能用自己制作的美术作品布置环境，美化生活。通过举办画展，了解办画展的流程和积累办展经验。展示幼儿创作的心路历程，让幼儿也有当小艺术家、向观众展示自己的想法和作品的机会。这是彩虹画展给我们孩子的一个非常有意义且不一样的感知体验。活动后孩子们自己也进行了总结反思：我们的画展好美啊！而且非常好玩、有趣，还想再办一次。

（4）在开展PBL项目活动中教师也收获了很多：一是从开始懵懂、凌乱的状态，经过反复研讨、摸索，慢慢明确了思路和方向；二是教师角色的转变，从教育者转变成幼儿学习的促进者和成长的见证者，转变了教育方式；三是通过这次项目开展，发现孩子的潜力是无限的，老师真的应该放手让孩子自己去做，去玩，去尝试，他们能给你很多惊喜。这是我开展PBL项目的收获。

注：本案例属于广东省学前教育"新课程"科学保教示范项目"基于项目式学习（PBL）理念幼儿园地方课程发展的合作行动研究"（编号：2020XQXKCB03）的研究范畴。

第七节　人与自然

项目案例3：蝴蝶

广州市番禺区大龙街金海岸幼儿园小班实施人　简少梅　指导教师　杨　兰

一、项目来源

在一次户外活动中，孩子们发现一只蓝色的塑料手工蝴蝶，大部分的孩子都说："它是真的蝴蝶，只是死了。"可是也有一部分孩子说："它不会飞，是假的。"随后孩子们进行了一次小小的辩论赛。由此可见，我们班的小朋友不太会问"为什么""怎么办"，可是他们能大胆地说出自己的观点，这两个观点通常都是对立的，但最可贵的是，他们能根据自己的观点说出一两点理由，因此就形成了许多有待解决的问题。看着孩子们认真讨论样子，我们一起生成了项目活动——蝴蝶。

二、项目网络图

师幼共同生成网络图。（见图5-7-1）

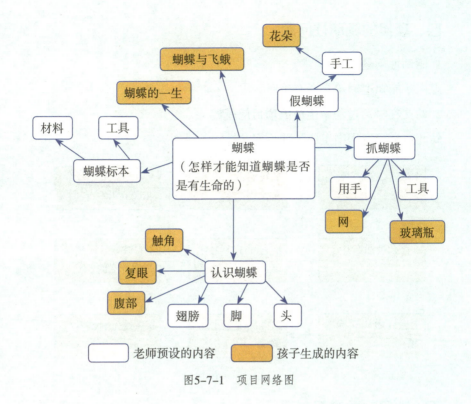

图5-7-1 项目网络图

三、项目活动目标

1. 预设目标

（1）喜欢接触大自然，对蝴蝶感兴趣，能认真观察、发现蝴蝶的明显特征。

（2）通过摸一摸能知道手工蝴蝶是用塑料做的。

（3）懂得向老师和同伴大胆表达心中的想法。

（4）在与同伴探索的过程中能感受到开心、愉悦。

（5）积极探索抓蝴蝶的各种方法。

2. 生成目标

（1）喜欢观看花草树木，容易被蝴蝶的美所吸引。

（2）在探索与学习中，学会思考更多的问题并大胆表达。

（3）通过观察和请教成人，了解蝴蝶的基本构造，并大胆地说出蝴蝶的生长过程。

（4）通过观察、讨论、对比、记录发现蝴蝶与飞蛾的异同。

四、项目的驱动性问题

1. 驱动性问题

怎样才能知道蝴蝶是否有生命？

2. 幼儿在学习过程中生成的项目问题链

幼儿在学习过程中生成了项目问题链。（见图5-7-2）

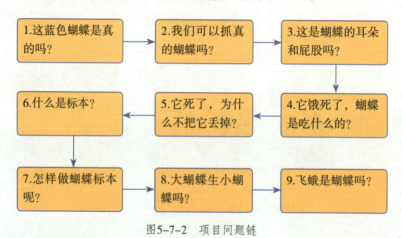

图5-7-2　项目问题链

五、项目主要学习内容

项目学习内容。（见表5-7-1）

表5-7-1　项目学习内容

	项目阶段	项目活动内容	投放及运用的材料或说明
1	这蓝色蝴蝶是真的吗	用自己的方式来验证蝴蝶的真假	给予孩子足够的时间进行探索
2	我们可以抓真的蝴蝶吗	团讨在抓蝴蝶的过程中遇到的困难及解决办法	鼓励幼儿分享自己的团讨结果，为幼儿创设团讨、辩论的氛围
3	这是蝴蝶的耳朵和屁股吗	观察蝴蝶，及时纠正孩子的错误认识	查阅资料
4	它饿死了，蝴蝶是吃什么的	观察蝴蝶是吃什么的	与同伴一起讨论
5	它死了，为什么不把它丢掉	能说出自己的想法	记录孩子的想法

续 表

	项目阶段	项目活动内容	投放及运用的材料或说明
6	什么是标本	观察并大胆说出自己对标本的理解	提供各种各样的昆虫标本
7	怎样做蝴蝶标本	动手操作	老师协助
8	大蝴蝶生小蝴蝶吗	团讨并说出自己的观点	回忆生活经验，鼓励孩子借助书籍、电子产品来查阅资料
9	飞蛾是蝴蝶吗	观察并能找出它们不一样的地方	鼓励孩子寻找飞蛾与蝴蝶的不同，并圈出不一样的地方

六、探究过程

（1）这（塑料）蝴蝶是真的吗？

在一次户外活动中，小朋友发现了一样物品，有些小朋友说："这是真的蝴蝶，只是给小朋友踩死了。"有些小朋友说："这是假的蝴蝶，因为它不会飞。"

老师认真地记录孩子们的讨论，最后用摸一摸的方法验证了这只蝴蝶是假的，因为它是用塑料做成的。（见图5-7-3）

（a）　　　　　　　　　　（b）

图5-7-3　讨论蝴蝶

孩子的学习行为有哪些？

孩子能理解会飞的蝴蝶是有生命的，它是真实的，不会飞的蝴蝶是没有生命的，可它也是真实的。通过摸一摸，小朋友能从材质上辨别蝴蝶的真假。

教师小结：

从小小辩论赛中可见，小朋友对蝴蝶的认识比较单一，都从"飞"的动态来判断蝴蝶的真假。

（2）我们可以抓真的蝴蝶吗？

小朋友问老师："我们可以抓真的蝴蝶吗？"老师的回应是："可以的。"结果在抓蝴蝶的过程中，小朋友发现用手很难抓，所以就带来了一些捞鱼的工具，后来又发现工具不够长，于是他们就讨论如何把工具变长，最后抓到了蝴蝶，大家都很开心。（见图5-7-4）

（a）　　　　　　　　　　　（b）

图5-7-4　孩子的探索

孩子的学习行为有哪些？

孩子们在与同伴抓蝴蝶的过程中，感受到用手抓蝴蝶很难，用工具也够不着，最后通过讨论，探索出把工具变长，结果真的抓到了蝴蝶。孩子能分析出，蝴蝶放在玻璃瓶里会更适合，因为它有一个能通空气的口，它是透明的，能观察到蝴蝶。

教师反思：

小朋友们在玩中学，总结经验，不但学会了如何表达自己的心情，还会绘画出开心的笑脸。

（3）这是蝴蝶的耳朵和屁股吗？

蝴蝶抓到了，小朋友一起观察真的蝴蝶，有的说这是屁股，有的说这是耳朵，因此老师和小朋友一起上网查阅蝴蝶的构造。（见图5-7-5）

（a）

（b）

图5-7-5　孩子的探索

孩子的学习行为有哪些?

通过观察真实的、有生命的蝴蝶，小朋友能说出自己理解的蝴蝶构造。在与老师一起查阅资料的过程中，小朋友们明白了遇到不懂的问题，可以向成人请教。

教师反思:

当小朋友对蝴蝶的构造产生认知错误而无法进行探索时，再加上小朋友又不认识字的时候，老师可以通过视频，让小朋友们用视觉来了解蝴蝶的基本构造。能在活动室中解决的问题，师幼就要及时解决。

（4）蝴蝶死了，它是吃什么的?

过了一天，蝴蝶死了，有小朋友问："它是吃什么的？"其他小朋友都说不知道。接着他们通过每天到户外观察蝴蝶，第一次发现蝴蝶吃花，再观察才发现蝴蝶是吸花蜜的。（见图5-7-6）

孩子的学习行为有哪些?

蝴蝶没生命了，小朋友非常关心，从而激励了他们继续深入学习，提出更多的问题。在探索中能总结到，"吃"和"空气"是蝴蝶生存的必要条件。

图5-7-6　蝴蝶吸蜜

教师反思:

当抓到第二只蝴蝶时，孩子们能根据以往的经验，把花给蝴蝶吃了。这次活动使小朋友们变得喜欢接触大自然，也能认真观察感兴趣的事物，比如发现蝴蝶是通过吸花蜜来生存的。

（5）蝴蝶死了，还可以用来做什么呢？

老师提出开放性的问题："蝴蝶死了，我们为什么不把它丢掉？"小朋友们把自己的想法说了出来，老师也说出自己的想法："我们可以做蝴蝶标本。"小朋友非常好奇地问："什么是标本？标本是怎么做的？"（见图5-7-7）

（a）　　　　　　　　　　（b）

图5-7-7　讨论蝴蝶死了之后还可以用来做什么

幼儿的学习行为有哪些？

能通过自己的观察，了解到标本是怎样制作的。做标本时，不敢用手去拿死掉的蝴蝶，小朋友能说出办法，并用小树枝来解决问题。

教师反思：

对于年龄偏小的孩子，老师提出开放性的问题可以促进孩子深入学习，引发更多的问题。能看又不能摸的物品尽量请孩子多看，孩子领悟到的知识会更多。孩子们能感受到失去生命的蝴蝶会逐渐变硬、变干，与翩翩起舞的蝴蝶的动态美形成鲜明的对比。

（6）大蝴蝶能生小蝴蝶吗？

老师常常带领小朋友观看主题墙，小朋友观察到标本里有小蝴蝶也有大蝴蝶，就提出疑问说："大蝴蝶能生小蝴蝶吗？"昕芸说："蝴蝶是毛毛虫变出来的。"接着她就回家查阅绘本，并绘画出蝴蝶的生长过程，用连贯的语言向大家讲述蝴蝶的成长需要经历四个阶段。（见图5-7-8）

（a）

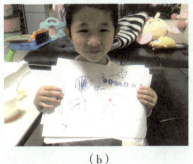
（b）

图5-7-8 绘制蝴蝶的生长过程

幼儿发生的学习行为有哪些？

为了弄懂蝴蝶是怎样生长的，小朋友们先说出自己的观点，再通过阅读的方式，自主学习蝴蝶的成长过程。小朋友不但能用连贯的语言来讲述蝴蝶的生长过程，还学会了用绘画的方式呈现给大家。

教师反思：

在师幼一起回顾蝴蝶的生长过程中，小朋友感受到蝴蝶的成长很不容易，所以我们要保护蝴蝶，也要珍惜自己的生命。师幼之间形成了共同学习的氛围，把不懂的问题交给孩子们自主解决，最后大家一起分享学习成果。

（7）飞蛾是蝴蝶吗？

在一次绘本阅读中，小朋友们看到一种昆虫后一致地说："这是蝴蝶。"老师提供了线索一步一步地让孩子自主发现飞蛾与蝴蝶的不同，并做好记录。（见图5-7-9）

（a）

（b）

图5-7-9 孩子记录

幼儿的学习行为有哪些?

幼儿能用长长的、短短的等形容词来描述蝴蝶与飞蛾的异同。在蝴蝶与飞蛾的比较中,能用圆圈圈出不同的部位,并做好记录。

教师反思:

在观察蝴蝶与飞蛾的异同中,老师要给予孩子充分的时间,少干扰,要巧妙介入。老师没有用讲授的方式说出它们的异同,而是提供观察、讨论、再观察、再讨论、对比、记录等方法来支持孩子的自主学习。

(8)结束阶段

师幼一起回顾主题墙,并进行家园共育,和家长一起商量购买一些有关生命教育的绘本并投放到图书角。老师常常走近孩子,倾听孩子在自由阅读中有什么样的收获,用镜头把孩子的童言童语记录下来。

幼儿的学习行为有哪些?

孩子们不但了解了关于蝴蝶的基本特征,还明白了小动物是有生命的,大树是有生命的,种子也是有生命的。

教师反思:

老师要尊重和接纳孩子的说话方式,无论他们的表达水平如何,都应认真倾听并给予积极的回应。通过本项目的开展,我相信孩子们在日后的生活中会善于发现身边美好的事物,感受到生命的美好。

七、项目反思

在探索蝴蝶项目活动中,孩子很喜欢亲近大自然,对蝴蝶的生命充满好奇心。孩子提出不同意见时,老师先是倾听和记录他们的想法,接着鼓励孩子用观察法、查阅法、感知器官,进行动手操作,请教成人来了解蝴蝶的真假、抓蝴蝶的方法、蝴蝶的构造、蝴蝶吃的食物、蝴蝶标本、蝴蝶的成长过程。

活动的最后,孩子们解决了本次活动的驱动性问题,原来感知蝴蝶的生命有多种办法,可以看、可以摸,也可以从蝴蝶标本上感知。初步激发了孩子们热爱生命的意识。老师也温馨地提醒小朋友:"我们能用工具抓到蝴蝶,是因为它们的翅膀都有破损,它们的生命也很快会结束,所以我们并没有破坏环境。通过探索本项目,我们更要懂得保护环境,珍惜生命。"

老师可以把项目式学习的方式投入到区域活动中，如在绘本阅读区中投放关于生命教育的绘本，让孩子在阅读中慢慢感受到生命的可贵，认识到不仅要珍惜和爱护自己的生命，也要保护小动物的生命。

注：本案例属于广东省学前教育"新课程"科学保教示范项目"基于项目式学习（PBL）理念幼儿园地方课程发展的合作行动研究"（编号：2020XQXKCB03）的研究范畴。

项目案例4：种子的生长

广州市番禺区大龙街金海岸幼儿园中班实施人　简少梅　指导教师　杨 兰

一、项目来源

在一次师幼谈话中，老师问："你觉得什么东西是有生命的？"孩子们回答说："猫、狗、蛇、马、牛、蝴蝶、人。""为什么觉得它们有生命呢？""因为它们会走、跑、跳、爬、飞。"

这时，老师在思考，我们要如何指导孩子理解植物的生命呢？国内外的生命教育资料显示，在幼儿阶段，向孩子进行生命教育是非常重要的。理解生命的含义可以先从了解动植物的生命历程开始，因此老师提供了一个场景，带孩子到植物园尽情地玩泥土，采摘花生、葱、青菜等植物。这一活动引发了孩子很大的兴趣，他们讨论说："我也要种青菜。""我家里有花生的种子，我要种花生。""我要找工具来挖泥土。""我要找一个花盆。"

当孩子带来了种子与大家分享时，他们提出了几个问题：这是什么种子？豆豆上为什么有一条"眉毛"？为了解决以上问题，我们师幼就创办了一次项目活动——种子的成长。

二、项目网络图

师幼共同生成网络图。（见图5-7-10）

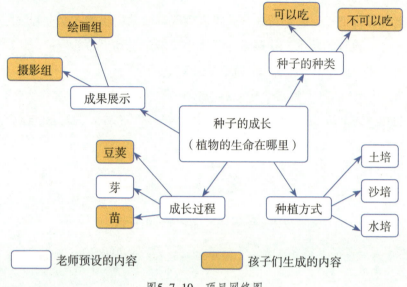

图5-7-10　项目网络图

三、项目活动目标

1. 预设目标

（1）认识越来越多的种子。

（2）通过讨论、辨别得知哪些种子可以吃，哪些不可以。

（3）检验了豆子的"眉毛"是与豆荚的一条边连接的，豆荚把营养和水输送给豆子。

（4）发现种子里分成两半，里面会生长根部和绿芽。

（5）能理解刚发芽的植物被掰断了，就很难往上生长。

（6）能概括说明一颗种子发一个芽，它们的芽都是绿色的。

（7）能分析种子成长与干枯的原因，并寻找植物所需的营养。

（8）能理解豆荚变黑是成熟的标志。

（9）能概括说明种子的成长、开花结果、种什么得什么的现象，与动物的成长、繁衍和遗传是很相似的。

2. 生成目标

（1）回顾种子的生长过程，能把植物的成长与动物的成长联系在一起。

（2）能把植物的开花结果与动物生宝宝的现象联系在一起。

（3）借助"布卢姆分类法的提问技巧"，能概括说明植物与动物是很相似的，它们都具有生命的其中两个特征（生长、繁衍），并能应用到日常生活中，如判断机器人是否有生命。

四、项目的驱动性问题

1. 驱动性问题

植物的生命在哪里？

2. 幼儿在学习过程中生成的项目问题链

幼儿在学习过程中生成了项目问题链。（见图5-7-11）

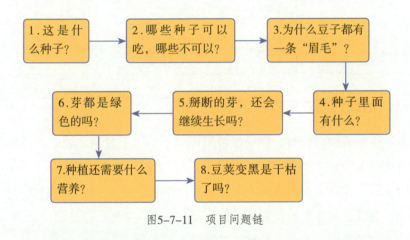

图5-7-11　项目问题链

五、项目主要学习内容

项目学习内容。（见表5-7-2）

表5-7-2　项目学习内容

	项目阶段	项目活动内容	投放及运用的材料或说明
1	这是什么种子	能说出不同种子的外形特征	小组讨论
2	哪些种子可以吃，哪些不可以	用不同的方式寻求答案	记录幼儿的想法，辅助他们制作表格
3	为什么豆子都有一条眉毛	通过不同的方法来解决问题	给予幼儿足够的时间进行探索

	项目阶段	项目活动内容	投放及运用的材料或说明
4	种子里面有什么	解剖种子，观察记录	鼓励幼儿分享自己的团讨结果，为幼儿创设团讨、辩论的氛围
5	掰断的芽，就不会生长吗	观察不同种子的发芽情况，并记录	放手让幼儿尝试，必要时老师提供协助
6	芽都是绿色的吗	结合生活经验或咨询成人得到答案	与同伴、家人一起讨论
7	豆苗还需要什么营养	每天观察、讨论，每天记录	在自然角提供记录纸
8	豆荚变黑是干枯了吗	动手操作	鼓励幼儿摸一摸

六、活动过程

在与孩子进行讨论时，孩子已经掌握以下的生活经验，因此老师根据孩子们的疑问来开展项目过程。团讨中，孩子已经能了解并做到以下几点：

（1）能寻找器皿并能分析大的器皿适合种植，小的器皿可以用来浇水；

（2）知道种植需要的要素有泥土、阳光、水、空气；

（3）知道泥土、沙子、水都可以种植；

（4）能讨论出种植的地方（班级植物角）。

（一）这是什么种子？

探索过程：

（1）区分黄豆、眉豆、白扁豆

孩子们回家找来各种各样的种子，大多数是豆类（绿豆、红豆、黄豆、眉豆、黑豆）和菜种子（油菜花、生菜），他们都能向同伴介绍自己的种子。当妈妈拿着眉豆向大家介绍时，其他小朋友都说那是黄豆，可妈妈说："这是眉豆，因为它有一条黑色的眉毛。"接着沐兮也说："我这是白扁豆，它有一条白眉毛。"（见图5-7-12）

（a）　　　　　　　　　　（b）

图5-7-12　孩子观察记录不同豆的形态

（2）小朋友介绍自己带回来的种子

当孩子在介绍自己带的种子时，我看到孩子都十分自信，本来一个孩子只认识2～4种种子，可是经过大家的介绍后，一个孩子能认识了10种左右（绿豆、红豆、黄豆、眉豆、黑豆、油菜花、生菜、玉米、花生）的种子。在这一过程中，孩子是学习的主体，他们在批判中学会观察相似的两种种子的异同，学会用拟人化的语句来突出种子的特征。我把这一发现发到班集群里，希望先通过亲子互动，和孩子一起寻找更多品种的种子，再由每个孩子来介绍，最后形成整体认识。（见图5-7-13）

（a）　　　　　　　　　　（b）

图5-7-13　孩子分享自己认识的种子

（二）哪些种子可以吃，哪些不可以？

探索过程：

孩子归纳种子的种类（可吃的与不可吃的）

当甜甜介绍核桃时说："这是可以吃的，可是煮熟了，不能发芽。"其

113

他孩子也讨论着自己的种子能不能吃。我也观察到一个现象，平时不爱回答问题的孩子，只要和自己的好朋友一起讨论，就能说出一大堆想法，这说明个别孩子平时不太愿意向大家表达想法，可是在小组中，就会积极地讨论问题。因此，我请小朋友自愿分组讨论哪些种子可以吃，哪些不可以？（见图5-7-14）

（a）　　　　　　　　　　　（b）

图5-7-14　小组完成的记录

原来在孩子的思想里，种子的种类是分为可以吃和不可以吃的，他们最后总结出，水果的种子、花草的种子不可以吃，种子非常小的才可以吃，如草莓、火龙果、猕猴桃，还有一些蔬菜、坚果的种子也不可以吃。

（三）为什么豆子都有一条眉毛？

探索过程。（见图5-7-15）

（1）发现眉豆、白扁豆、绿豆、红豆上都有一条"眉毛"。

在观察种子时，孩子们发现绿豆、红豆、眉豆、白扁豆都有一条眉毛，就讨论说："为什么都有一条眉毛？"大家猜想说，"那是它的窗口，用来发芽的。""那是它的嘴巴，用来喝水的。""那就是它的眉毛。"

（2）探索1：用木块砸开豆子看一看。

怎样才能知道豆子上的眉毛是干什么的？思源："把它砸开来看一看。"他拿起建构区的木头来砸豆子，说："太硬了，砸不开。"

（3）探索2：观察泡了一晚上水的豆子。

昕芸："用水可以泡开种子，可能要等一个晚上。"大家都赞成这个做法，先把豆子泡在水里，明天再看看。

第二天，我们一起来观察泡了水的豆子，与此同时，力力带来了一些新鲜的甜豆和毛豆来，她说："妈妈说掰开这些豆荚就知道啦。"孩子们看着泡了一晚上水的豆子，都能说出以下的观察要点：豆子变大了；它的衣服裂开了；这白白的好像它的身体，又像屁股，因为它是两瓣合起来的；豆子伸出了一条短短的东西，是不是它的根？但到最后我们还是没有解决一开始的问题。

（4）探索3：掰开豆荚观察豆子。

力力带来了新鲜的豆荚，他说："妈妈说打开这豆荚就知道啦。"老师请小朋友剥开豆荚，孩子们发现，豆子在豆荚里是一颗一颗地排着的，它会粘着豆荚的一边，黏着的地方好像就是那条眉毛了。（见图5-7-15）

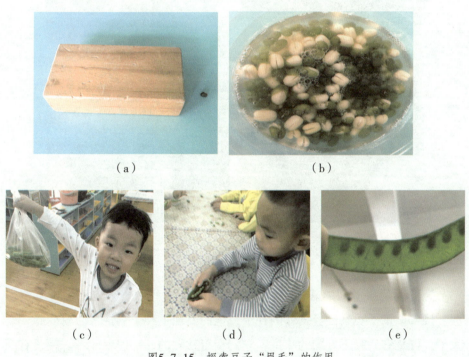

（a）　　　　　　　　　　　　　　　　（b）

（c）　　　　　　　　　（d）　　　　　　　　　（e）

图5-7-15　探索豆子"眉毛"的作用

最后经过老师上网查阅，原来小朋友的发现是对的，豆子上的眉毛就是连接豆荚的，植物的根部吸收了水分和营养，就会输送到豆荚上，豆荚再把养分输送给豆子，所以说这条眉毛是豆子的嘴巴是有道理的。

（四）种子里有什么？

探索过程：

小朋友把泡过水的豆豆种在了泥土里，过了几天，泥土里生出了一些绿色的芽，可是有一个花盆的芽却被小朋友拔出来了，经过询问，原来他非常好奇种子在泥土里是什么样子的，种子里有什么？（见图5-7-16）

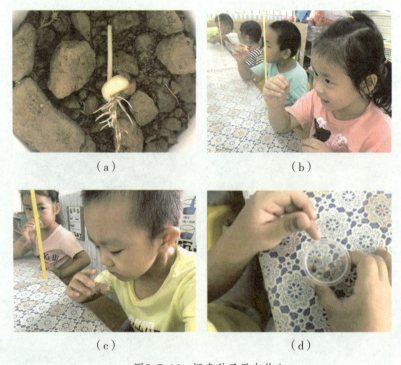

（a）　　　　　　　　　　　　　　（b）

（c）　　　　　　　　　　　　　　（d）

图5-7-16　探索种子里有什么

为了满足孩子们的好奇心，我们继续选择一些种子来泡水促进它们发芽，接着让孩子观察已经发芽的种子，他们发现了种子喝饱水后就变胖、变大了，可是有一股不好闻的味道，它们变得软软的，一捏就碎了。种子有两边身体的，掰开一看，里面有两片小叶子，还伸出了一条白色的小尾巴，那条小尾巴应该就是长在泥土里的根。有兴趣继续探究的沐兮就用一个透明的瓶子种植了荷兰豆，大家都可以看到原来植物的根是不断长长的，它是细细的、白白的、弯弯曲曲的，种子发出的芽和长在泥土里的根都是在种子里伸（长）出来的。

（五）掰断的芽就不会生长吗？

探索过程：

虽然豆芽被拔出来了，而且茎被拔断了，但老师和小朋友还是把它种回泥土里，希望它继续生长。可是过了几天，芽干枯了，没有再生长了，孩子讨论说："豆芽被掰断后就不会再生长了。"（见图5-7-17）

（a）　　　　　　　　　　　　（b）

图5-7-17　探索掰断的芽是否会继续生长

可有小朋友说："我看过叔叔阿姨在修剪花草树木的芽，它们都可以继续生长。"（见图5-7-18）

图5-7-18　观察修剪的花草树木

刚好有一次散步时，看到一位老师在剪蒜苗，小朋友都说："不要伤害这些苗，它会死的。"老师说："请你们过几天再来观察，蒜苗会怎样？"过了一周再去观察蒜苗时，它不仅继续生长了，而且长得比小朋友的手指还要长。（见图5-7-19）

（a） （b）

（c）

图5-7-19 探索蒜苗的生长

原来当芽还很小的时候，我们要好好保护它，受到一点破坏它可能就不生长了。蒜苗是收获了苗后还可以继续生长的，阿姨是在帮它们修剪枝条。

（六）芽都是绿色的吗？

探索过程：

孩子们每天都会记录种子的生长情况，也会和同伴一起分享自己的发现和记录。有孩子提出："你画的豆苗不是绿色的，画错了。"对方不服输："有些芽不是绿色的。"师幼一起来验证一下，用不同的种子泡水发芽，再询问有经验的叔叔："到底是不是全部植物的芽都是绿色的。"

我们试验了以下的种子，它们发的芽果然都是绿色的，询问叔叔后得知，我们常见的植物发的芽都是绿色的，只是在生长过程中，它的叶、花和果实的颜色会有所变化。

通过试验，孩子们有两个大发现：原来许多种子发的芽都是绿色的，而且是一颗种子发一个芽。（见图5-7-20）

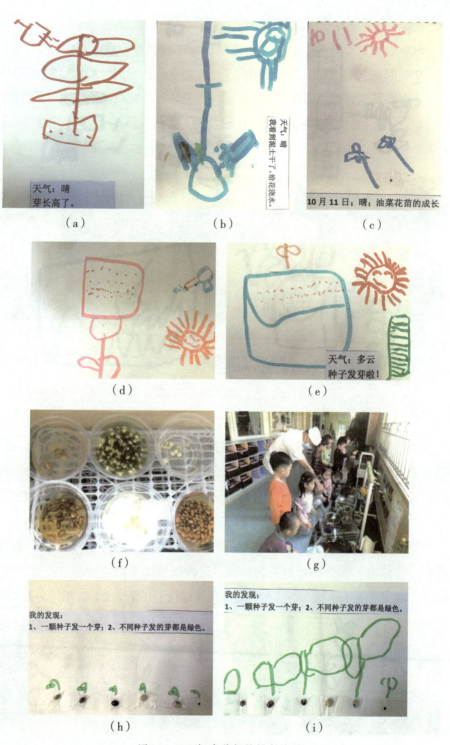

图5-7-20 探索芽都是绿色的吗

（七）豆苗还需要什么营养？

探索过程：

在询问叔叔的过程中，叔叔抛出了一个问题让孩子们思考：豆苗不能只喝水，还需要其他营养，那么到底还需要什么营养呢？凭以前给小蝌蚪喂食的经验得知，不能给豆苗吃小朋友喜欢吃的食物，因此小朋友回家寻找答案了，并带来了复合肥、鸡蛋壳等，这些都是植物所需的营养。（见图5-7-21）

（a）　　　　　　　　（b）　　　　　　　　（c）

图5-7-21　探索豆苗需要什么营养

（八）豆荚变黑是干枯了吗？

探索过程：

豆苗从生长、开花、结果，到成熟，孩子们都非常兴奋、好奇，用了很多语言来表达自己的所见所闻。对于豆荚变黑了，孩子们也有不一样的看法，有的说："它是干枯了，死了，没有豆子了。"有的说："它可能中毒了。"有的说："它是成熟了。"于是师幼一起把它摘下来探究。

原来豆荚变黑是成熟的标志。小朋友拨开豆荚时，看到豆子都排着整齐的队伍，"眉毛"都是粘着豆荚的一边，这再次验证了之前的探索，而且种了绿豆，收获的就是绿豆，小朋友们第一次就收获了16颗绿豆。（见图5-7-22）

（a）　　　　　　　　（b）　　　　　　　　（c）

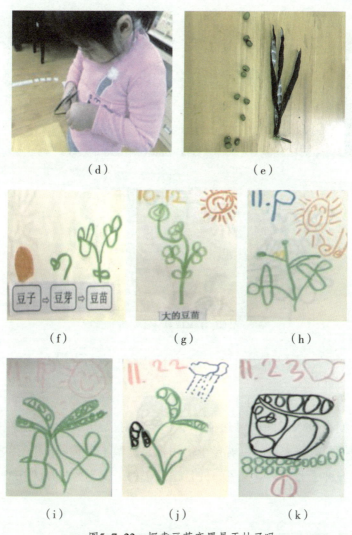

（d）　　　　　　　　　　　　（e）

（f）　　　　　　（g）　　　　　　（h）

（i）　　　　　　（j）　　　　　　（k）

图5-7-22　探索豆荚变黑是干枯了吗

（1）我看到很多植物都开花结果了。

孩子们越来越喜欢观察身边的植物，并愿意和同伴一起说一说不同植物的叶、花、果的特征。（见图5-7-23）

（a） （b）

（c）

图5-7-23 会开花结果的植物

（2）我带种子上太空啦!

孩子们在晨谈时间里讨论神舟十二号发射成功的新闻,思源提出"我要把种子带到太空去"。接着孩子们用轻黏土做了宇航员,把喜欢的种子粘上去,带着种子上"太空"了,并且记录了种子发射的日期(2021年10月21日)。（见图5-7-24）

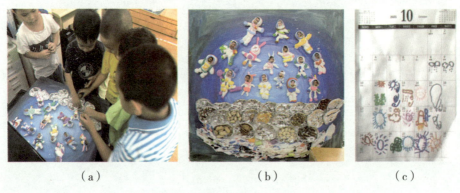

（a） （b） （c）

图5-7-24 送种子上太空

幼儿的学习行为有哪些：

（1）能介绍自己带来的种子。

（2）通过自身的经验分析哪些种子可以吃，哪些不可以。

（3）通过剥开豆荚的探索方法来解决为什么豆子都有一条"眉毛"。

（4）通过种子泡水的方法得知种子里面有什么。

（5）探索身边的植物是否掰断了芽后就再也不会生长了。

（6）观察不同种子发的芽是否都是绿色的。

（7）咨询成人的经验得知。

（8）通过亲身摸一摸、剥一剥来验证。

教师小结：

（1）如果把幼儿比作植物，那么老师慈祥的目光、亲切的问好、温暖的拥抱、细心的照顾，就是植物所需要的阳光、水分、空气和养料。

（2）在开展项目活动中，我关注了孩子学习与发展的整体性，也尊重孩子发展的个体差异性。老师应该允许孩子用多种方式来记录种子的生长过程，并鼓励他们用自己的语言来分享。

（3）当孩子做了调皮的事时，老师一定要先倾听他们这样做的原因，再进行教育，孩子搞破坏的背后常常隐藏着一颗好奇心，只要孩子的好奇心得到满足，他们才会领悟做事情的正确方法。

（九）项目回顾

在项目回顾中，我借用了"布卢姆分类法的提问技巧"，希望孩子们能自己概括总结出植物到底有没有生命，它们的生命在哪里？为孩子的深度学习提供有效的支架。（见表5-7-3）

表5-7-3　布卢姆分类法总表

布卢姆分类法内容	问　题
记忆	请观察我们的记录，豆苗从开花到收获，用了多长时间？
理解	请观察植物角，为什么有些豆苗可以一直成长，有些却不能？
应用	①从这些图片中，你能发现它们的关系吗？ ②在我们身边，有什么东西像它一样是慢慢生长、长大的？
分析	①在这些植物中，你发现了什么？ ②在我们的生活中，有什么东西像它一样，由一变成许多？

续 表

布卢姆分类法内容	问 题
评价	绿豆种出来的是绿豆,请你表达一下,还有什么东西也是这样的?
创造	种子去了不同的星球,你觉得它会长得怎么样呢?请你设计出来。

（1）记忆。（见表5-7-4）

表5-7-4　记忆

布卢姆分类法内容	老师提问	幼儿表达
记忆（识别、命名、点数、重复、回忆）	请观察我们的记录,豆苗从开花到收获,用了多长时间？ 	用了很长时间。我可以数一数,1,2……用了24天。有些豆子开花慢,结果就慢。

（2）理解。（见表5-7-5）

表5-7-5　理解

布卢姆分类法内容	老师提问	幼儿表达
理解（描述、讨论、解释、总结）	请观察植物角,为什么有些豆苗可以一直成长,有些却不能呢？	很大的太阳,太阳晒到它已经长大了,因为小花盆很小,阳光有点小,太阳太小了。

续 表

布卢姆分类法内容	老师提问	幼儿表达
		太累了，它就被折断了，就死掉了。

（3）应用。（见表5-7-6）

表5-7-6　应用

布卢姆分类法内容	老师提问	幼儿表达
应用（解释原因、表演、建立联系）	①从左到右观察图片，你能发现它们的关系吗？ ②在我们身边，有什么东西像它一样，是慢慢生长、长大的？	因为发出了芽，有大太阳，很快就长大了，不停地长高。 小朋友和大朋友，刚出生时很小，还有小狗、小猫，吃多一点就长高，还吃水果。

续表

布卢姆分类法内容	老师提问	幼儿表达

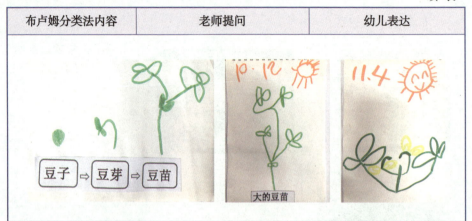

（4）分析。（见表5-7-7）

表5-7-7　分析

布卢姆分类法内容	老师提问	幼儿表达
分析（识别不同点、尝试、推测、比较、对比）	①在这些植物中，你发现了什么？ ②在我们的生活中，有什么东西像它一样，由一个生出许多？	①长出它们的果实，开花才会有果实，一颗种子可以开出很多花，结出很多果实，发好多树枝，它开了花才会结果。 ②兔子妈妈可以生16个兔子宝宝。一个妈妈可以生1个，或者2个，或者3个宝宝。我家里养了两只仓鼠，它生了5只宝宝。

（5）评价。（见表5-7-8）

表5-7-8　评价

布卢姆分类法内容	老师提问	幼儿表达
评价（表达观点、做出批判、争辩/评论）	绿豆种出来的是绿豆，请你表达一下，还有什么东西也是这样的？	种了桃子就得到桃子，种了草莓就长出草莓，小鸟妈妈生出的是小鸟宝宝，西瓜籽种出来的是西瓜，狐狸妈妈生出来的就是狐狸宝宝。

（6）创造。（见表5-7-9）

表5-7-9　创造

布卢姆分类法内容	老师提问	幼儿表达
创造（制作、构建、设计、创作）	种子去了不同的星球，你觉得它们会长得怎么样呢？请你设计出来。 	颜色不同，样子也不同。有蓝色，有绿色，有红色，还有灰色。可能是椭圆形，也可能是半圆形，有可能是正方形，有可能是爱心型，有可能是圆形，有可能是三角形。不知道有没有水，不知道有没有好高好高，叶子会不会越来越多。

通过探索与回顾，孩子们非常清晰地明白，植物是有生命的，它的生命在种子里，在不断生长的叶子里，在花朵里，在果实里。

（十）项目汇报

1. 摄影组

在开展项目活动中，我既关注幼儿学习与发展的整体性，也尊重幼儿发展的个体差异性。由于有个别孩子的绘画作品不能很好地呈现自己所表达的意思，因此老师提供支架，请他们从以下材料中，选取自己喜欢的材料来记录种子的成长。他们都选择了手机拍摄，用自己拍摄到的照片来进行汇报，他们也能越来越大胆地表达自己的发现和疑问。（见图5-7-25）

（a）　　　　　　　　　　　（b）

（c）

图5-7-25　摄影组分享

2. 绘画组

绘画能力强的孩子就能通过水彩、水墨画的形式来表达自己的探索过程，当然这些孩子也喜欢用手机拍摄，老师也会满足他们的不同需求，理解他们的学习方式和特点。（见图5-7-26）

图5-7-26　绘画组分享

（十一）项目反思

《指南》中指出：支持幼儿在接触自然、生活事物和现象中积累有益的直接经验和感性认识。大自然、大社会都是"活教材"，如何发挥这本"活教材"的教育价值，我们一直在研究和探索。

幼儿的收获：

幼儿认识各种各样的种子，经过讨论、实践，尝试种植豆豆的方法，体验种豆豆带给自己的非凡乐趣和成就感。

教师的收获：

本次"种子的成长"项目活动，从幼儿中来，也回到幼儿中去。抓住教育契机，以幼儿的兴趣为出发点，一步步探索适合本班幼儿特点的教育内容与方法。此次项目活动已经结束，但是幼儿们探寻的脚步没有停止。我们还将根据幼儿们的兴趣发掘更多的项目生成活动。

探究，我们永不止步。

注：本案例属于广东省学前教育"新课程"科学保教示范项目"基于项目式学习（PBL）理念幼儿园地方课程发展的合作行动研究"（编号：2020XQXKCB03）的研究范畴。

项目案例5：枇杷

广州市番禺区大龙街金海岸幼儿园大班实施人　邹俊婷　指导教师　杨　兰

一、项目来源

午饭后散步，经过操场边的果树时，祁元发现一棵树上挂着金黄色枇杷的图片，他说："我吃过这个枇杷，很好吃的。"南北说："我也吃过。"墨涵说："我也吃过。"小奕说："为什么树上的枇杷是绿色的呢？和图片上的枇杷颜色不一样呢？"谦谦说："我知道，我老家也有枇杷树，这是枇杷宝宝，还没有长大，等它长大了就会变成黄色了。"聿文观察到枇杷叶时突然说："枇杷叶子上有毛毛的东西。"小朋友都围过去看并且讨论了起来。壹诺说："真的耶，我也看到好多毛毛呢！"小朋友们对枇杷产生了浓厚的兴趣，由此产生了探索枇杷的项目。

二、项目网络图

师幼共同生成网络图。（见图5-7-27）

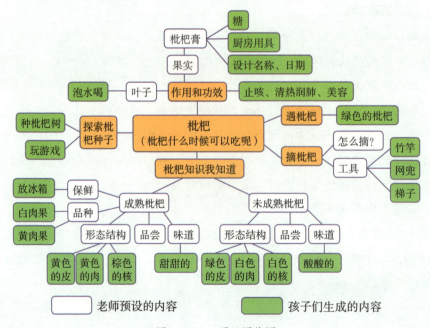

图5-7-27　项目网络图

三、项目活动目标

1. 预设目标

（1）能通过观察、比较与分析，发现并描述枇杷不同时期的特征和前后变化。

（2）感知枇杷的颜色、形状以及基本品种的特征。

（3）能展开丰富的想象，大胆自信地跟同伴分享自己的猜想。

（4）和幼儿一起发现并分享周围新奇、有趣的事物或现象，一起寻找问题的答案。

（5）幼儿用绘画、拍照等方式记录观察和探究的过程与结果。

（6）尝试用多种感官认识枇杷，感知、探索枇杷的基本特征。

2. 生成目标

（1）通过多种方式（查阅信息、实地探索）解决问题。

（2）能自己想办法观察枇杷的生长过程，并用自己的方式来进行记录。

（3）能动手、动脑，能用一定的办法验证自己的猜测，寻找问题的答案。

（4）能够体谅老师的辛苦，关心老师如何保护嗓子。

（5）懂得分享自己制作的枇杷膏，大胆自信地表达自己的想法。

（6）懂得与人沟通、合作，在活动中能够自主分工，相互协作。

四、项目的驱动性问题

1. 驱动性问题

枇杷什么时候可以吃呢?

2. 幼儿在学习过程中生成的问题链

幼儿在学习过程中生成了项目问题链。（见图5-7-28）

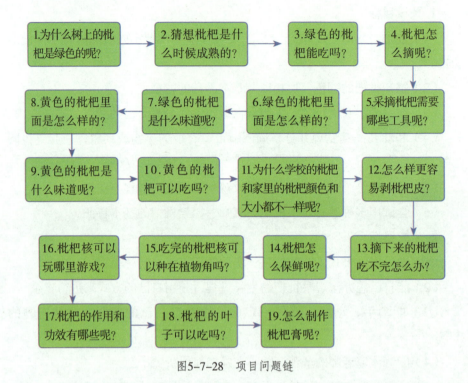

图5-7-28　项目问题链

五、项目主要学习内容

项目学习内容。（见表5-7-10）

表5-7-10　项目学习内容

序号	项目阶段	项目活动内容	投放及运用材料或者说明
1	遇枇杷	探索绿色的枇杷，收集孩子对枇杷的已知经验，猜想枇杷什么时候成熟	查阅资料与观察枇杷的生长
2	摘枇杷	自主思考适合采摘枇杷的方法，品尝绿色枇杷	品尝绿色枇杷的味道，判断绿色枇杷是否成熟
3	自制工具	幼儿自主制作采摘枇杷的网兜	在学校寻找小梯子、竹竿、铁丝、钳子、洗衣袋进行制作

续 表

序号	项目阶段	项目活动内容	投放及运用材料或者说明
4	枇杷知识	运用已掌握的知识,探索黄色枇杷的形态结构。尝试多种方法进行剥皮,发现用勺子刮枇杷容易剥皮	鼓励孩子大胆实验,提供刀、勺子等工具
5	枇杷品种	比较幼儿园的枇杷和外面卖的枇杷,看看哪里不一样	学校提供部分枇杷,孩子自己带一部分枇杷进行比较,并且把探索结果用表格的方式展示出来
6	探索枇杷种子	枇杷种可以土培和水培,还可以玩游戏	提供植物角进行种植,枇杷种子可以当陀螺、弹珠、五子棋来玩游戏
7	枇杷叶	探索枇杷叶,知道枇杷叶是可以泡水喝的	把枇杷叶洗一洗,晒一晒,捣碎放入干净的密封罐储存
8	准备材料和工具	搜索制作枇杷膏的过程和配方,收集制作枇杷膏的材料和工具	准备平底锅、锅铲、电磁炉、冰糖、密封罐、电子秤
9	制作枇杷膏	根据枇杷膏配方和制作过程准备制作枇杷膏	大家合作把2千克枇杷剥皮去核,熬制1.5小时,完成制作
10	设计标签与人分享	自主设计制作标签并分享	鼓励幼儿大胆想象,自己设计标签,和园长老师还有小朋友进行分享

六、活动过程

(一)为什么树上的枇杷是绿色的呢?

在一天午饭后散步发现绿色的枇杷后,孩子们就产生了疑问,为什么树上的枇杷是绿色的呢?(见图5-7-29)

（a）　　　　　　　　　　　（b）

图5-7-29　发现绿色枇杷

南北：因为枇杷刚刚长出来，所以是绿色的。

聿文：枇杷的外表的皮和叶子上都有好多毛毛。

谦谦：我知道，我老家也有枇杷树，这是枇杷宝宝，还没有长大，等它长大了就会变成黄色了。

1.猜想枇杷是什么时候成熟的

那枇杷什么时候才能成熟可以吃呢？孩子们在枇杷树下边观察边讨论。（见图5-7-30）

（a）　　　　　　　　　　　（b）

图5-7-30　小朋友讨论中

豆豆：可能是秋天，枇杷变成黄色，就像番茄，从绿色慢慢变成红色一样，枇杷是从绿色变成黄色的。

浩骋：也可能是夏天。

楚言：我们每天都来观察就知道枇杷到底是什么时候成熟了。

2.绿色的枇杷能吃吗？

有一天，孩子们围在一起讨论：绿色的枇杷好吃吗？是什么味道的呢？（见图5-7-31）

图5-7-31 讨论枇杷的味道

宇皓：绿色的枇杷太小了，不能吃。

梓洋：绿色的枇杷是酸的，不好吃吧。

萌萌：有可能是甜甜的。

楚言：应该是酸酸甜甜的。

豆豆：可能是没有味道的。

宇皓：绿色的枇杷有可能是苦的。

豆豆：我们捡起来看一看、闻一闻就知道是什么味道了。

楚言：我也觉得可以吃，好想尝一下，到底是什么味道呢？

聿文：那摘一个枇杷尝一下就知道啦。

梓洋：可是枇杷都在高高的树上，我们要想办法去摘下来啊。

孩子的学习行为有哪些？

（1）孩子会带着自己已有的经验去观察树上的枇杷。

（2）大胆猜想枇杷什么时候成熟，举例番茄成熟的过程进行探讨。

（3）能够合作思考并对枇杷进行比较观察和连续观察。

教师反思：

在探索枇杷成熟的问题时，幼儿遇到问题能主动想办法去解决，通过询问他人，在成人的帮助下上网搜索以及实际操作获取答案。与同伴合作探究，分享交流，把自己的见解说出来与同伴进行分析。

（二）怎么摘枇杷呢？

1. 采摘绿色的枇杷

我们的枇杷树实在是太高了，树上的枇杷都没办法摘到，小朋友们想想可以用什么工具采摘呢？

135

豆豆：用长长的竹竿打下来，我们先试一试。

结果：成功地把绿色枇杷打了下来。（见图5-7-32）

（a）　　　　　　　　　　　　　（b）

图5-7-32　小朋友正在摘枇杷

接下来就是品尝枇杷的时刻，这样我们就知道枇杷的味道了。

2. 品尝绿色的枇杷（未成熟的枇杷）

首先看一看、摸一摸、闻一闻、尝一尝，发现绿色的枇杷外表有很多毛毛，而且还是硬硬的，也闻不出什么味道，根本没办法剥皮。只能用刀把枇杷切开，这样才能看到枇杷的里面。

形态结构：绿色的皮、白色的肉、白色的核。（见图5-7-33）

（a）

（b）　　　　　　　　　　（c）

图5-7-33　观察绿色枇杷

品尝绿色枇杷。（见图5-7-34）

味道：酸酸的。孩子们发现枇杷原来还没有成熟。

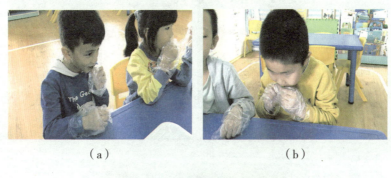

（a）　　　　　　　　　　　（b）

（c）

图5-7-34　品尝绿色枇杷

3. 观察枇杷生长

　　孩子们都非常好奇，枇杷需要多长时间才能成熟呢？接下来的每一天他们都认真观察枇杷的生长过程，并且用绘画的形式记录枇杷的变化。下雨天可以带上雨伞出去观察，还可以去二楼科学室打开窗户或者在二楼走廊就可以看见枇杷树了。（见图5-7-35）

（a）

（b）

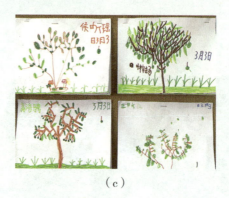

（c）

图5-7-35　观察记录枇杷的生长过程

孩子的学习行为有哪些?

（1）能够想到用竹竿可以把枇杷摘下来，敢于去尝试。

（2）面对没有吃过的绿色枇杷，会从外到内去探究枇杷的结构。

（3）通过味道和颜色来判断绿色枇杷是未成熟的枇杷。

（4）与同伴合作交流用直接观察、实验法、绘画的形式把观察、探究枇杷的过程记录下来。

教师反思:

孩子们能想到办法，敢于尝试，认真对待问题，能够合作思考并对枇杷进行比较观察和连续观察。教师应该鼓励孩子去验证自己的猜测。猜一猜、想一想，把思考付诸行动，在做小实验的同时会用自己的方式记录整理实验过程。

4.继续采摘枇杷

终于等到枇杷成熟了，孩子们立刻拿出上一次采摘枇杷用的竹竿去摘枇杷。（见图5-7-36）

图5-7-36　用竹竿摘枇杷

结果：失败。孩子们发现这样打枇杷，枇杷掉在地上就直接摔烂了，这种方法不行。

接着孩子们激烈地讨论。（见图5-7-37）

梓洋：用竹竿夹住把枇杷扭下来。

森森：搬梯子爬上去摘。

墨涵：用钩子把它钩下来。

豆豆：一定要大梯子。

图5-7-37　讨论用哪些工具摘枇杷

孩子们一下子商量出六个方法，分别是摇枇杷树、爬树、砍树、镰刀钩下来、在二楼的科学室窗户边摘、制作网兜。

经过小组最后的讨论，现场举手投票选出3个打√的方法进行实验，看看是否能成功采摘到枇杷。（见图5-7-38）

图5-7-38　选出更适合摘枇杷的方法

5. 采摘枇杷需要哪些工具呢

孩子们寻找工具以及材料中（小梯子、竹竿、大梯子、铁丝、钳子、洗衣袋、购物车）。（见图5-7-39）

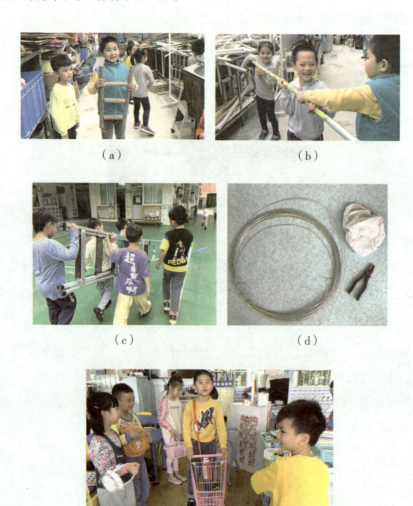

（a）　　　　　　　　　　　（b）

（c）　　　　　　　　　　　（d）

（e）

图5-7-39　小朋友们一起寻找工具

找到材料开始制作采摘枇杷的工具。

（1）先来制作扭枇杷的竹竿，把竹子掰成两半，中间塞上小木棍，用铁丝绑紧就做好了。（见图5-7-40）

（a）　　　　　　　　　　　　（b）

（c）

图5-7-40　制作扭枇杷的竹竿

（2）还要做网兜接住枇杷。找到洗衣袋，用铁丝绑一圈，接上长长的竹竿，这样就做好了。（见图5-7-41）

（a）　　　　　　　　　　　　（b）

（c）

图5-7-41　制作摘枇杷的工具

接下来小朋友就带上自制的工具和刚刚选出的三个方法去实验，看看哪一种办法才能成功采摘到枇杷。

尝试一：一起摇枇杷树

结果：失败，枇杷树又高又大根本摇不动。（见图5-7-42）

图5-7-42　小朋友们一起摇枇杷树

尝试二：自制摘枇杷工具

结果：成功了，一个人拿竹竿夹住枇杷扭，一个人拿着网兜接住枇杷，这样枇杷就不会掉在地上了。（见图5-7-43）

（a）　　　　　　　　　　　　　　（b）

图5-7-43　一人用竹竿夹枇杷，一人用网兜接枇杷

尝试三：去二楼的科学室窗户边

结果：成功了，同样是两个人一起合作，一个人拿竹竿夹住枇杷扭，一个人拿着网兜接住枇杷，也成功地摘到了树顶上的枇杷。（见图5-7-44）

（a）　　　　　　　　　　　（b）

图5-7-44　去二楼窗户摘枇杷

成功摘到枇杷，收获满满一车的枇杷。

孩子的学习行为有哪些?

（1）积极动脑想更多的办法去摘枇杷，遇到困难能一起克服。

（2）知道别人的想法有时候和自己不一样，能倾听和接受别人的意见，不能接受的会说明理由。

（3）寻找更多的工具加上自己的生活经验去自制网兜，帮助自己成功摘到枇杷。

（4）同伴之间能够自主分工，相互协作。

教师反思:

孩子们能够制订计划并按计划收集适宜的材料与工具，学会多动手多动脑，用多种工具实验的办法，经过三次采摘，与同伴分工合作把高处的枇杷摘了下来。

（三）枇杷知识我知道

1. 品尝黄色的枇杷（成熟枇杷）

黄的枇杷摸起来是软软的。黄色的枇杷外表同样有很多毛毛，吃之前需洗干净再剥皮（但也不是很容易剥皮，剥皮到一半就很难剥皮了），这要怎么办呢? 孩子们又开始了新一轮的实验。（见图5-7-45）

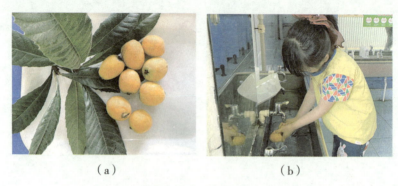

（a）　　　　　　　　　　　（b）

图5-7-45　洗枇杷

第一次：徒手剥枇杷，很难把皮剥下来，剥完了枇杷已经烂烂的，不能吃了。（见图5-7-46）

图5-7-46　剥枇杷

第二次：用刀削皮，刀把枇杷的肉都削掉了。（见图5-7-47）

图5-7-47　刀削枇杷

第三次：用勺子把枇杷轻轻地刮一遍，再剥皮，这样可以把皮和肉分离，很容易剥皮。（见图5-7-48）

图5-7-48 利用勺子剥皮

　　经过三次剥皮探索，发现枇杷的剥皮技巧。成功品尝到了黄色枇杷的味道。（见图5-7-49）

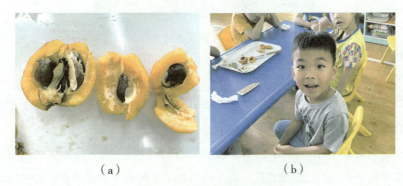

（a） （b）

图5-7-49 成功剥皮品尝枇杷

形态结构：黄色的皮、黄色的肉、棕色的核。

味道：甜甜的。

2. 品种

　　一天宇皓回家看见妈妈也买了枇杷，好像和幼儿园的枇杷不太一样。然后就把家里的枇杷带来幼儿园对比，看看到底是哪里不一样呢？（见图5-7-50）

（左边：幼儿园　右边：外面买的）

图5-7-50 对比枇杷

大家一起看一看、摸一摸、闻一闻、尝一尝，发现了以下不一样的地方。（见图5-7-51）

图5-7-51　寻找枇杷的不同点

宇皓：幼儿园的枇杷比较小，外面买的比较大。

彩林：幼儿园的枇杷屁股是有点凸出来，而且是绿色的，外面买的屁股是黑色的，凹进去的。

豆豆：我捏了捏两个枇杷，幼儿园的枇杷稍微硬一点，外面卖的软一点。

梓洋：幼儿园的枇杷颜色浅一点（浅黄色），外面卖的深一点（深黄色）。

壹诺：我感觉外面卖的枇杷更加甜一点。

把探究的结果用统计表的方式呈现出来。（见图5-7-52）

图5-7-52　两种枇杷对比统计表

宇皓：都是枇杷为什么会不一样呢？

壹诺：我知道，不是幼儿园种的枇杷树。

豆豆：不是同一棵树上长出来的呗！

楚言：外面卖的枇杷是在果园里种的吗？

彩林：我们可以看一下包装盒就知道是哪里种的枇杷了。

（原来是福建莆田出产的枇杷）

梓洋：那我们也可以用老师的手机搜索一下啊！

结果：枇杷有不同的品种。

（1）枇杷果肉颜色：白肉枇杷、红肉枇杷。

（2）枇杷果形：长形果、圆形果、扁形果。

3. 枇杷怎么保鲜呢？

孩子们在想，我们摘了这么多枇杷，可是一下子吃不完，把枇杷放在哪里才不会坏呢？（见图5-7-53）

图5-7-53　探索枇杷保存方法

大宝：放在教室的餐桌上。

诗涵：可以放在纸箱里面封起来。

萌萌：放在纸箱里面会闷坏的，我觉得应该放在冰箱里，这样就不会坏了。

经过询问水果店的姐姐，原来把枇杷放在冰箱保鲜就可以了，但是要注意枇杷不能碰水，要密封好，可以达到短期保鲜（7天左右），最好尽快食用。

孩子的学习行为有哪些？

（1）通过观察，外表是软软的，品尝味道是甜甜的，知道黄色的枇杷是成熟的枇杷。

（2）探究了枇杷的剥皮技巧，发现用勺子把枇杷轻轻地刮一遍，就很容易剥皮了。

（3）知道枇杷的大致轮廓是椭圆形的，也有圆形的，且有的大，有的小。

（4）能简单梳理探究结果，用统计表的方式表示。

（5）主动提出枇杷保鲜的问题，会寻求水果店姐姐的帮助。

教师反思：

孩子表现出善于观察，爱动手做实验的特点。通过比较与分析，并描述枇杷的特征，鼓励幼儿与他人接触和交谈，自己解决不了问题的时候，可主动寻求他人的帮助。把未成熟的枇杷和成熟的枇杷进行对比。本次的活动通过摸一摸、剥一剥、尝一尝等环节来进一步认识枇杷。幼儿通过观察发现，枇杷是黄色的，外表有一层毛……符合《指南》中指出的，对感兴趣的事物能仔细地观察，发现其明显特征。

（四）探索枇杷树

枇杷吃完了，剩下的好多枇杷核可以用来做什么呢？孩子们兴奋地讨论起来："枇杷核就是种子，枇杷树就是这个种出来的。""枇杷种子可以种在植物角呀！""可以做成陀螺。""枇杷核好像弹珠哦，是不是可以当弹珠玩游戏呀！""我觉得好像棋子。"……（见图5-7-54）

（a）　　　　　　　　　　　（b）

图5-7-54　探索枇杷核的用处

1. 种枇杷树

第一种是土培，直接种在植物角的花盆里面。（见图5-7-55）

图5-7-55 用泥土种植

第二种是水培，拿玻璃瓶放入纸巾和枇杷种子，最后加入水。（见图5-7-56）

图5-7-56 用水种植

孩子们小心翼翼地播下小小的枇杷核，期待枇杷再次成熟，也就是明年的这个时候，就可以吃自己种的枇杷了。

2. 围绕枇杷核的话题，孩子们继续展开讨论

（1）陀螺：在游戏过程中，幼儿发现有些枇杷的核转不起来，而有些圆圆的、尖尖的核容易转起来；扁扁的，一面平的、一面半圆的不容易转起来。（见图5-7-57）

图5-7-57 探索陀螺的玩法

（2）弹珠：两个小朋友一起玩，击中对方就赢了。（见图5-7-58）

图5-7-58　探索弹珠的玩法

（3）五子棋：把枇杷核表面黑色的皮剥开就变成白色棋子，还可以自制棋盘。（见图5-7-59）

图5-7-59　探索五子棋的玩法

孩子的学习行为有哪些？

（1）发现枇杷核可以种成枇杷树，还可以用来玩游戏。

（2）知道游戏规则并且创设新玩法，懂得自觉遵守游戏规则。

（3）初步了解季节变化的周期性，知道变化的顺序。

教师反思：

在游戏过程中，幼儿发现有些枇杷核转不起来后，通过观察、讨论等方式探寻答案。说明孩子能主动发起活动，在活动中想主意、想办法。能初步了解季节变化的周期性，知道一年有12个月，有春夏秋冬四个季节。随着对游戏的熟悉以及在游戏过程中的发现，还创设出了其他的游戏玩法。幼儿在玩的过程中学到了很多知识，这是一个自主学习的过程，也是一个轻松学习的过程，更是一个积极探索未知的过程。

（五）枇杷的作用和功效有哪些呢？

1. 枇杷叶

壹诺：那枇杷叶可以吃吗？

豆豆：在家里看妈妈用柠檬叶泡水喝，我认为枇杷叶也是可以泡水喝的。

梓洋：我就知道有些树叶是可以熬水洗澡的。

通过收集查询资料了解到，枇杷叶是可以泡水喝的，具有清肺热、去痰止咳的功效。

以下就是制作过程：

（1）把枇杷叶的毛毛清洗干净。（见图5-7-60）

图5-7-60　清洗枇杷叶

（2）然后把枇杷叶晒干。（见图5-7-61）

图5-7-61　晾晒枇杷叶

（3）最后把枇杷叶捣碎放入干净的瓶子里储存。（见图5-7-62）

（a）

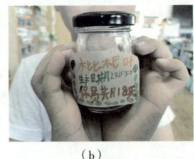
（b）

图5-7-62　捣碎枇杷叶

2. 枇杷果实

我们把树上的枇杷全都摘下来，有好多好多枇杷，我们也吃不完，冰箱都放不下了，如果放在教室会坏掉，这么多枇杷还可以怎么吃呢？（见图5-7-63）

图5-7-63　讨论枇杷的用处

谋灿：我咳嗽的时候，妈妈给我煮枇杷糖水。

萌萌：我知道枇杷膏可以吃，上次我喉咙痛奶奶就让我吃枇杷膏。

均均：我没有吃过枇杷膏，是什么味道呢？

彩林：我也吃过枇杷膏，很黏糊，吃起来是甜甜的。

浩骋：我也没有吃过枇杷膏。

原来枇杷膏有祛痰止咳、生津润肺、清热健胃的功效，枇杷富含人体所需的各种营养元素，具有保护视力、保持皮肤润泽、促进儿童身体发育的作用，有增进食欲、帮助消化、止咳解暑之功效。

好多小朋友都没有吃过枇杷膏，很想尝一尝甜甜的枇杷膏，最后大家商量要把剩下的枇杷都做成枇杷膏。

3. 寻找材料

大家开始分工合作，一部分人用手机搜索制作枇杷膏的方法过程和配方表，一部分孩子从家里带来制作枇杷膏的厨具和材料（电磁炉、冰糖、密封罐、电子秤等）。（见图5-7-64）

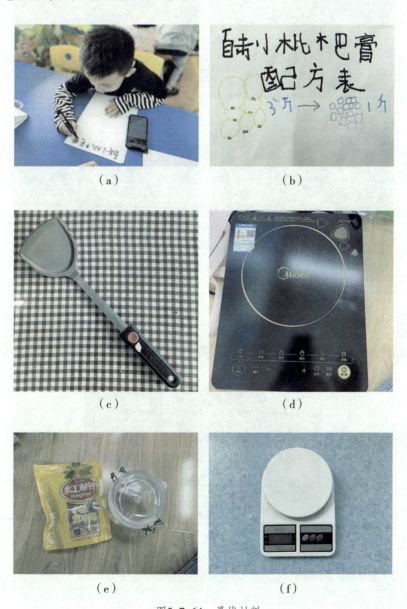

（a）　　　　　　　　　　（b）

（c）　　　　　　　　　　（d）

（e）　　　　　　　　　　（f）

图5-7-64　寻找材料

4. 枇杷膏怎么做呢

（1）把枇杷洗干净，控干水分，去皮，去枇杷核。（见图5-7-65）

（a）　　　　　　　　　　　（b）

（c）　　　　　　　　　　　（d）

图5-7-65　清洗枇杷，剥枇杷

（2）枇杷和冰糖的比例：2千克枇杷肉配1.5千克冰糖。（见图5-7-66）

图5-7-66　配比例

（3）把枇杷、冰糖一起放进不粘锅开始熬煮。（见图5-7-67）

图5-7-67 开始煮枇杷

（4）刚开始用中小火煮，待冰糖完全融化后，再改小火慢慢熬煮，熬到浓稠即可。（见图5-7-68）

（a）　　　　　　　　　（b）

（c）

图5-7-68 使用小火慢煮

（5）枇杷膏凉透后把它装进无油无水的容器里，放进冰箱冷藏储存。（见图5-7-69）

（a） （b）

图5-7-69 把枇杷膏装罐

5. 制作标签

我们应该在每个密封罐上把枇杷膏的名字、生产日期和保质期写出来，别人一看就知道这瓶是枇杷膏了。（见图5-7-70）

（a） （b）

（c）

图5-7-70 制作标签

6. 分享自制枇杷膏

把我们的枇杷膏送给园长、老师和其他班的小朋友尝一尝，感受甜甜的大班专属自制枇杷膏，还能保护嗓子哦，一定能甜到心坎里！（见图5-7-71）

枇杷膏怎么吃呢？①可以直接吃；②可以泡水喝；③可以夹在面包片上吃。

（a）　　　　　　　　　　　　（b）

图5-7-71　分享枇杷膏

孩子的学习行为有哪些?

（1）孩子对枇杷叶能不能吃很感兴趣，知道枇杷叶是可以泡水喝的。

（2）通过自己吃过枇杷糖水可以止咳引出自制枇杷膏的想法。

（3）找到制作枇杷膏的材料和工具。

（4）制作枇杷膏的标签，包括名称、生产日期、保质期。

（5）与园长老师还有小朋友们分享自己制作的枇杷膏。

教师反思：

利用相关的图书、多媒体，结合孩子已有的经验，孩子们发现枇杷的药用价值很高，它可以治疗肺热咳喘，有祛痰止咳的功效。主动去寻找材料和工具制作枇杷膏，知道标记可以代表具体事物，懂得分享自己的成果。枇杷果肉营养很丰富，含有丰富的维生素C，可增进食欲，帮助消化吸收，止渴解暑，而且还可以润喉止咳，祛痰清肺，清热利尿。

班级环境。（见图5-7-72）

图5-7-72　项目主题墙

区域材料。（见图5-7-73）

（a）   （b）

（c）   （d）

（e）   （f）

（g）   （h）

图5-7-73　项目部分区域材料

七、项目反思

《指南》中提出，要经常带幼儿接触大自然，激发其好奇心与探索欲望。本次项目活动围绕"枇杷"开展，利用园本资源，为孩子们创设了开放、自主的生活实践机会，开阔了孩子们的眼界，也带来了真实的情感体验。著名教育家陈鹤琴先生曾提出："大自然、大社会都是活教材。"孩子们走进大自然，亲身体验、亲自探索，感知真实的生活，用纯洁的眼睛观察，用天真的语言表达，用稚嫩的心灵感受着成长的意义，获得了立体、有温度的成长体验。

孩子收获的不仅是累累果实，更多的是活动中难忘的精彩瞬间，在讨论和探索中获得新知识。让我们继续捕捉具有生命力的资源，观察、识别、判断、跟进、回应、记录，开启属于孩子的学习之旅，追寻教育的真谛，享受教育的美好！

注：本案例属于广东省学前教育"新课程"科学保教示范项目"基于项目式学习（PBL）理念幼儿园地方课程发展的合作行动研究"（编号：2020XQXKCB03）的研究范畴。

第八节　人与社会

项目案例6：咚咚锵龙舟来了

广州市番禺区大龙街金海岸幼儿园中班实施人　余玲珠　指导老师　李雪梅

一、项目来源

一天户外活动回来，小朋友都在问外面"咚咚锵"是什么声音呢？

小宇：那是在打鼓吧？我打鼓的时候就是这样，咚咚咚的。

邓邓：不对，那是光头强在砍树的声音吧？

小晨：是划龙舟的声音吧，我在东湖洲的时候就见过一些哥哥划龙舟，就是这样的声音，他们手里都有个鼓。

多多：我在一期也见过啊！

孩子们开始七嘴八舌地讨论：外面是在划龙舟吗？龙舟是什么样子的，为什么划龙舟……为解答孩子们对龙舟的各种好奇，我们开展了《咚咚锵龙舟来了》的项目课程。

二、项目网络图

师幼共同生成网络图。（见图5-8-1）

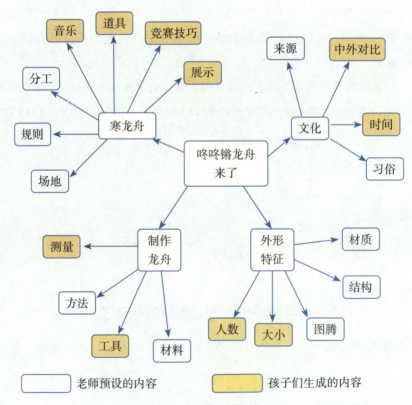

图5-8-1 项目网络图

三、项目活动目标

1. 预设目标

（1）初步了解龙舟文化和本地的端午节习俗，对本土文化产生兴趣。

（2）观察了解，对制作龙舟产生兴趣。

（3）在龙舟的制作过程中，能够倾听采纳他人的合理建议，提高协商、合作的能力。

（4）提高发现问题、解决问题的能力，增强自信心。

2. 生成目标

（1）在龙舟竞赛中制定规则，感受规则的重要性，提高遵守规则的意识。

（2）初步了解赛龙舟的文化习俗和拼搏奋发的龙舟精神，激发民族自豪感。

（3）知道如何安全地使用工具。

（4）懂得运用目测、对比等方法进行测量。

（5）能尝试用多种方式方法美化龙舟，提高自身感受美、欣赏美的能力。

四、项目的驱动性问题

1. 驱动性问题

怎么制作龙舟，如何举办一场龙舟赛。

2. 幼儿在学习过程中生成的项目问题链

幼儿在学习过程中生成了项目问题链。（见图5-8-2）

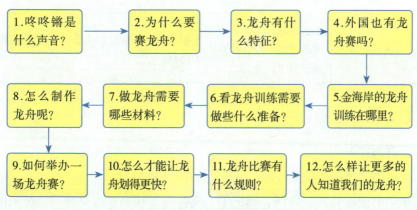

图5-8-2 项目问题链

五、项目主要学习内容

项目学习内容。（见表5-8-1）

表5-8-1 项目学习内容

序号	项目阶段	项目活动内容	投放及运用材料或者说明
1	寻声探舟	探寻咚咚锵声音的来源	鼓励孩子采用访问、现场查看等方式寻找声音的来源，提供孩子交流、展示寻找结果的平台
2	探寻龙舟赛的秘密	了解龙舟赛的起源和风俗习惯，观察龙舟的外形特征	鼓励家长和孩子一起探索，通过网络参阅、现场观看、实地采访等方式获取关于龙舟的知识。鼓励孩子记录并进行分享。在活动区域投放相关的书籍材料
3	感受端午节的文化	观看龙舟赛训练，参加大型端午节活动	拜访礼仪、采访技巧、准备记录材料、人员分配
4	制作龙舟	材料收集、工具运用、人员分工、制定设计图	给予孩子探索使用工具的机会，同时也引导孩子做好自我防护，提供部分材料和工具
5	展示作品	分享交流，展示各个小组的作品	鼓励孩子大胆交流，耐心倾听别人的想法，引导幼儿一起做活动小结与评价
6	制作旱地龙舟	收集制作旱地龙舟的材料，设计龙舟人员分工与合作，给龙舟取名	收集纸箱，应用装饰材料，准备记录材料
7	开展龙舟赛	选定音乐，准备场地，邀请观众，制订比赛规则、分组、分工	提供鼓、节奏记录卡等材料，邀请家长助教

六、活动过程

1. 寻声探舟

咚咚锵的声音来自哪里？是赛龙舟的声音吗？

孩子们通过寻找、访问，确定了"咚咚锵"就是江边龙舟训练传来的声音。通过查阅资料，到实地观看龙舟，参加大型端节活动，了解到龙舟的外形特征和端午节很多地方都要包粽子、赛龙舟来纪念我国伟大的爱国诗人屈原，团讨龙船饭是番禺的端午风俗，还有新桥村独有的散龙瓣（卵）等传统文化。（见图5-8-3）

（a）　　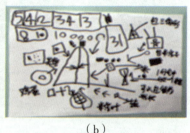（b）

图5-8-3　龙舟与端午文化

在分享时，小朋友说他们发现的龙舟是长长的、两头尖尖的、中间有很多格子，上面可以坐人，有很多人可以一起划，龙舟上还有很多船桨和一个大鼓。在分享时，晨晨提出疑问："国外有没有龙舟呢？"羲羲说"外国肯定没有啦，就像我们也没有圣诞节一样，龙舟就只有中国有。"她的回答遭到了同伴的质疑："我们也有圣诞节呀，怎么会说我们没有呢，只不过你们没有过而已，没有过，不代表没有啊，国外肯定也是有龙舟的。"老师鼓励他们回去查阅资料，他们了解到外国其实也是有龙舟的，只不过龙舟的造型和中国的不一样。

孩子们总结，龙舟就是一艘长长的船，有龙头和龙尾，它们身上还有花纹，有长的也有短的。他们还总结到，没看到并不代表没有，可以通过问同学，问知道的人，甚至还可以打电话问外国的朋友，可以通过上网查资料等方式了解。孩子的批判性思维正在初步形成。通过查阅资料他们得知美国、德国、日本、韩国、越南、新加坡等国家都有龙舟赛，但是最开始有龙舟的国家还是中国，这激发了孩子们的民族自豪感。

为了更好地发挥环境育人的效能，经过师幼共创，孩子们以龙舟文化为主题重新布置了主题墙。（见图5-8-4）

（a）　　　　　　　　　　（b）

图5-8-4　师幼共创龙舟主题墙

孩子的学习行为有哪些？

（1）能主动地寻找声音的来源，运用网络、现场查询等方法，验证自己的想法。

（2）能大胆地跟长辈、同伴交流，表达和分享自己的想法。

（3）能尝试小组合作，并用文字、符号等简单记录自己的发现。

（4）能主动了解龙舟的外形特点、结构。

（5）积极探索本土的端午节文化，感受传统文化的独特魅力。

（6）能主动加入到班级环境创设中。

教师反思：

在探索有关龙舟知识的过程中，对于孩子们提出的各种问题，老师并没有直接把答案告诉他们，而是引导幼儿探究，这样确实较好地激发了孩子们的学习热情、发散思维。作为老师要保护好孩子的好奇心，当孩子们对本土文化感兴趣时应该支持他们去探索，做好孩子学习的支持者和引导者，做好本土文化的传承与发展工作。

2. 实地观摩龙舟

孩子们关于赛龙舟的知识是比较零碎的，因此老师要根据他们的描述进行整理并将他们所收集到的视频、图片等资料放到平板电脑上投放到教学区域中，让他们随时可以观看。孩子们还想知道，龙舟的鼓是放在哪里的？

小朋友们通过到洛溪龙舟文化节观看，到基地参观等多种方式了解到龙舟有龙头、龙身、龙尾等基本结构，传统龙有长龙和短龙，它的鼓放在龙舟中间并需要两个人打，标准龙比较短，它的龙舟鼓是放在龙头的。番禺的龙船人数额定三十六人，叫作一槽，就是俗称的"三十六香官"。如果是小龙，"船身十三档，划船的二十六人，船面管旗一，后梢二，唱神一，司鼓二，掌锣二，托香斗二，正合三十六之数。"标准龙每队龙舟比赛队员为23人，包括舵手、锣手、鼓手各1人。传统长龙65人。龙头上还有红色的彩带、圆圆的眼睛、尖尖的牙齿。（见图5-8-5）

　（a）　　　　　　　（b）　　　　　　　（c）

图5-8-5　幼儿到龙舟基地实地察看

了解外形特征和人员分工，孩子们还是心存疑惑：龙舟到底是怎么划的？赛龙舟的人穿什么样的衣服？于是我们想一起观看龙舟训练。

通过询问确定了龙舟训练的时间是13：00—16：30，地点在金海岸江边。熙熙认识路，他画了路线图（花坛—仲元小学—江边）。小朋友们也收集了问题清单，做好了分工，带上工具一起去观看龙舟训练。通过分头询问、现场观察，他们了解到龙头上有红花，舟上有旗子和罗伞，鼓声有快慢，训练的人都穿统一队服，等等。（见图5-8-6）

图5-8-6　幼儿实地观看划龙舟训练

孩子的学习行为有哪些?

（1）学会了遇到事情先进行协商,尊重同伴的意见。

（2）在采访路人的过程中懂得了分工合作。

（3）在活动中,遇到问题能及时调整方法。

（4）进一步观察到龙舟外形的特征,赛龙舟的规则以及人员的分工。

（5）观察到打鼓的节奏由慢变快,会影响龙舟的速度。

教师反思:

小朋友已经了解了龙舟的外形、怎么划龙舟、鼓手怎么打节奏等方面的知识,学习了跟人沟通的方式与方法,学会用符号、图片等形式记录自己的发现。通过实地观察和亲身体验,更能提高孩子的观察力和沟通力。

3. 探究如何制作龙舟

看完划龙舟之后,小朋友们尝试制作龙舟。他们分组进行讨论,觉得可以用树枝、树叶、石头、贝壳、塑料、纸皮、积木等进行创作。经过大家讨论后,决定给龙舟取名为"10号飞艇赛第1名""赛龙一号"。（见图5-8-7）

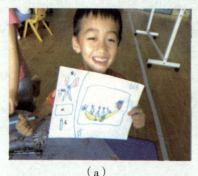 

（a）   （b）

（c）

图5-8-7 制订制作龙舟的计划

他们通过访问教师、保洁阿姨等，最终在杂物间里找到了可以制作龙舟的纸箱，有的小组则找到了木片、贝壳、积木、塑料瓶子等材料。（见图5-8-8）

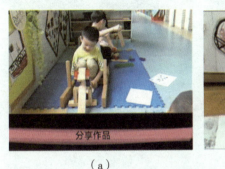　

（a）　　　　　　　　　　　　（b）

图5-8-8　各组展现自己组的龙舟

孩子的学习行为有哪些？

（1）懂得可以运用生活中的材料制作龙舟，提高了环保意识。

（2）感受龙舟的美，能用自己的方式表现和创造龙舟。

（3）能探索各种工具的运用。

教师反思：

教师充分相信幼儿是有能力的学习者，给予孩子探索的空间和时间。孩子们在活动过程中更能进行深度学习。

4. 旱地龙舟比赛开始了

赛龙舟一般是在水里进行的，龙舟能不能在陆地上比赛呢？通过了解发现原来真的有旱地龙舟，那咱们就一起制作旱地龙舟吧。

（1）小组制作、交流、小结。

在制作旱地龙舟的过程中，孩子们也遇到了问题，并找到了相应的解决方法。例如，箱子的高度不一致，要选择同样高度的箱子，或把多余的剪掉。用透明胶把箱子连接在一起，用涂颜料和张贴水墨画来装饰龙舟。用木棍、纸箱等制作船桨和旗子。（见图5-8-9）

（a） （b）

图5-8-9 小组分工利用纸箱制作龙舟

（2）试划龙舟，总结经验。

那么在赛龙舟的过程中谁来做裁判？谁来拿旗子？谁来做教练？谁来打鼓？谁来划船？这些问题都通过商讨的方式解决了，孩子们一起把龙舟抬到小礼堂开始试划。（见图5-8-10）

图5-8-10 试划龙舟

在划的过程中他们发现，大家都在努力地划龙舟，但是龙舟还是行驶缓慢，该怎么办呢？孩子们通过观察发现大家一起听着鼓声走，不能太快也不能太慢，要步调一致，这样才能把船划快。掉头的时候大家容易都挤在一块。教练说："我在前面说掉头时，你们就要拐过去，排成一条直线，注意听指挥。"鼓太重那就两个人一起拿。试划后，大家对如何将龙舟划得快进行了总结，裁判发现，终点和起点放远一点，距离拉长一些他们就会走得很好。所以场地要大一点。鼓手的鼓太重了可以在边上打鼓，但是节奏要对。

比赛要有规则。

（3）比赛的规则到底是什么样的？

端午节时，孩子们通过观看龙舟赛，了解到龙舟赛是有"斗靓"和"斗快"的。由此，孩子讨论出比赛规则：比赛队伍的人数要一样，在同样长的跑道上来回划跑看谁更快一些。但是怎么打鼓呢？他们观察到打鼓的节奏有快、慢、强、弱的变化，所以在区域活动时也进行了节奏的练习。（见图5-8-11）

图5-8-11 探索打鼓的节奏

（4）家长助教欣赏音乐《赛龙夺锦》。

在了解龙舟文化的过程中，孩子们还发现了我们番禺人写的《赛龙夺锦》音乐。那我们要怎么一起演奏呢？在诚诚的提议下，我邀请了作为音乐老师的诚诚妈妈跟我们一起欣赏音乐《赛龙夺锦》，并学习怎么指挥。（见图5-8-12）

图5-8-12 看指挥，打节奏

169

（5）旱地龙舟赛。

有了这些基础后，孩子们邀请了低年级的弟弟妹妹作为观众，老师为评委，开展了旱地龙舟比赛活动。在活动中，孩子们不断地发现问题并进行调整，如一个箱子进去两个人太拥挤了，调整成一个箱子一个人，大家一起跟着鼓声节奏走。（见图5-8-13）

图5-8-13　旱地龙舟赛

孩子的学习行为有哪些?

（1）在制作龙舟的过程中不断地运用观察、比较等方法，学会用目测、对比的方法测量纸箱的大小。

（2）懂得应用胶水、打钉机、热熔枪等工具使纸箱连接。

（3）能应用涂色、粘贴、水墨画等方式装饰美化龙舟，提高审美能力。

（4）在遇到问题时能和同伴进行讨论、协商、合作，具有初步的合作意识。

（5）能主动了解广东的民族音乐，感受音乐明快的节奏和体现劳动人民勤劳勇敢奋发向上的精神。

教师反思:

在赛龙舟的过程中，孩子们从一开始只会在同伴身上找问题，到逐步发现要大家保持同步，听准鼓点节奏走，要团结一致才能走得快。分析问题从片面到客观，从制定划龙舟的规则，体验到规则的重要性，并在赛龙舟活动中体验到大家共同合作的乐趣。

5. 项目活动回顾

比赛结束后，有孩子提议，瑶瑶的爸爸参加了龙舟比赛还拿了个奖杯，不如我们也做一些奖杯送给赢得比赛的那组同学吧。于是孩子们用绘画、做手工、贴积木等形式制作了奖杯并进行了颁奖。

比赛结束后，刚好大二班的哥哥姐姐们在准备画展，于是孩子们就将龙舟放到画展中去展示。

七、项目活动反思

1. 幼儿的成长

纵观整个项目活动，孩子能围绕"制作龙舟"这个话题，用简短的语言表达自己的看法。在龙舟文化的探索中变被动为主动，敢于提出自己的猜测与问题，并能通过询问、查阅资料、实地考察等方法，了解龙舟文化与龙舟精神。

在制作龙舟的过程中，能利用多种材料和工具进行创造，并做好自我保护。喜欢倾听龙舟鼓声并且感知声音的高低、长短、强弱等变化。喜欢参与龙舟比赛活动并能在活动中不断发现距离、人数、重量等对比赛结果的影响，从而调整策略。锻炼了孩子发现问题、解决问题的能力，同时也提升了孩子批判性思维、沟通合作能力以及创造力。

2. 老师的成长

在和孩子共同探究龙舟文化的过程中，老师逐步在改变自己的角色：从以前主题活动开展模式的事无巨细策划到学会放手，帮助孩子整理已有经验，发现孩子探究的问题，从以前着急地想帮孩子解决问题到让孩子自己反思问题，再逐步引导孩子进行探究与修正，从以前想让孩子知道得更多到让孩子逐渐分享自己的发现。老师的角色在改变，教学观念和方法也在改变。在孩子成长的同时老师也在不断成长。

3. 家长观念的转变

以PBL的理念，引领着家长观念的改变，从以前的直接告知到引导孩子共同探索，了解到孩子发现问题、解决问题的能力在不断提升，动手能力与创作能力也在不断地发展，因此，家长对活动的参与度和支持度就更高了。

注：本案例属于广东省学前教育"新课程"科学保教示范项目"基于项目式学习（PBL）理念幼儿园地方课程发展的合作行动研究"（编号：2020XQXKCB03）的研究范畴。

项目案例7：桥的秘密

广州市番禺区大龙街金海岸幼儿园大班实施人　邹俊婷　指导教师　李雪梅

一、项目来源

桥给人们的交通出行带来了许多方便。一天在沙水区玩的时候，武祁元对彭梓洋说："我们去拿铲子的话要走好远的路啊，要兜一个大圈才能拿到，我们能不能从泳池走过去呢？"彭梓洋："当然不行啦，泳池都是水。"在一旁玩沙子的森森听到他们的对话就说："我想到一个好办法，在上面搭一座桥呗，这样就可以直接过去拿材料了。"听到森森的想法，孩子们开始七嘴八舌地讨论起怎样建一座桥。有些小朋友可能就觉得这不是桥，这跟他们见过的桥不一样。李壹诺就说："桥是弯弯的，还有栏杆的。"还有一些小朋友就说："我见过在空中的桥。""还有用绳子吊下来的。"彩林说："我在海洋公园看到过玻璃桥。"在孩子们对桥产生了浓厚的兴趣和讨论中，探索桥的秘密项目活动就开始了。

二、项目网络图

师幼共同生成网络图。（见图5-8-14）

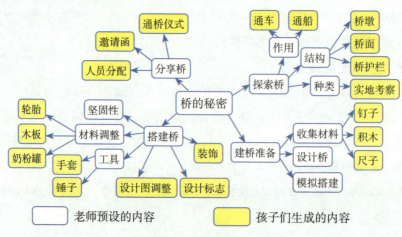

图5-8-14　项目网络图

三、项目活动目标

1 预设目标

（1）通过调查初步认识各种各样的桥，初步感知桥梁的建筑结构，知道桥的作用、形状、构成及桥的类别。

（2）对桥梁感兴趣，积极参与桥的话题讨论。

（3）在日常生活或者活动中乐于与伙伴交流自己所认识的桥，愿意分享有关桥的故事。

（4）通过多种方式收集关于桥的资料，并能通过图画或者符号等方式进行设计、记录。

（5）尝试用多种材料和方式探究"造桥"，激发幼儿的好奇心和探究欲望。

（6）在制作桥的过程中，体验协商、合作、分享的快乐。

2. 生成目标

（1）通过多种方式（查阅信息、实地探索）解决问题。

（2）对桥的种类、作用、结构进行深入探究，知道其特点。

（3）探索各种工具和材料的应用，知道安全运用工具。

（4）在搭建桥的过程中懂得运用标准的尺子、比较的方式进行测量。

（5）在过桥的时候自定规则，感受规则的重要性，从而提高幼儿遵守规则的意识。

（6）能应用多种方式美化桥，提高审美能力。

（7）懂得与人沟通、合作，大胆向别人展示自己的成果。

（8）提高想象力和创造力，增强自信心。

四、项目的驱动性问题

1. 驱动性问题

怎么样搭建一座桥？

2. 幼儿在学习过程中生成的项目问题链

幼儿在学习过程中生成了项目问题链。（见图5-8-15）

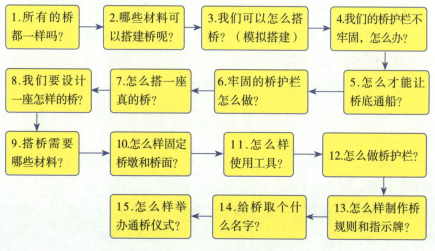

图5-8-15　项目问题链

五、项目主要学习内容

项目学习内容。（见表5-8-2）

表5-8-2　项目学习内容

序号	项目阶段	项目活动内容	投放及运用材料或者说明
1	探索桥	收集幼儿对桥的已知经验，以及对桥的作用、种类、结构的了解	通过电子网络学习、外出实地考察和搜集相关资料知道各种各样的桥
2	搭桥准备	自主思考适合搭建桥的材料，用绘画和文字的形式表现出来	提供调查表，鼓励幼儿把自己想到的材料记录下来
3	模拟搭建	幼儿自主探索搭建桥，利用一些材料如积木、木板、易拉罐进行搭建	提供场地，幼儿在幼儿园内寻找材料进行模拟搭建
4	设计桥	运用已掌握的搭建技巧，设计图纸。幼儿根据身边已有的材料进行探索设计	鼓励幼儿大胆结合材料设计桥。投放多种多样的材料让幼儿进行选择尝试
5	收集材料	幼儿讨论需要用的材料，自主寻找可用于搭建桥的材料	学校提供部分材料，如轮胎，家园合作收集奶粉罐等材料

续 表

序号	项目阶段	项目活动内容	投放及运用材料或者说明
6	固定桥墩和桥面	尝试用轮胎、装满沙子的奶粉罐做桥墩，用模板和钉子钉起来做桥面	提供轮胎、奶粉罐、砖等材料
7	使用工具	探索正确使用工具的方法，区分钉子和螺丝是不一样的	专业人士提供帮助（电工明叔叔），示范正确使用工具的方法。在活动过程中给予孩子们使用工具的机会，同时引导孩子做好自我防护
8	做桥护栏	筛选长的木条、麻绳做桥护栏，防止掉到水里面	提供多种辅助材料，幼儿动手操作
9	制作过桥规则和指示牌	幼儿自主装饰桥	准备颜料、水粉笔、气球
10	给桥取个名字	分组团讨投票取名字	鼓励幼儿大胆想象，教师提供帮助填写文字
11	举办通桥仪式	幼儿集体进行活动安排，开展活动	选出工作人员，制作邀请函，活动正式开始

六、活动过程

（一）所有的桥都一样吗？

当孩子们在沙水区进行一番讨论之后，回到课室就冒出很多想法："是不是要搭一座桥？""我家小区也有桥，但和这个不一样。""我见过很长很长的桥。"在很多疑问中我们产生了第一个问题："所有的桥都一样吗？"放学后孩子们纷纷回到家里通过妈妈的手机、家里的ipad、电视来寻找答案。（见图5-8-16）

豆豆："我在电视上看到很多种类的桥，有独木桥，只用一根圆木做成的，拱桥是弯弯的，立交桥可以方便人们不用等红绿灯快速通过。"

小小："通过ipad搜索观看桥的图片我发现了不一样的桥，有半圆形的、有直的、拐弯的，还有三角形状的。"

梓洋："通过手机上网查询，我知道有高速大桥、铁桥、木板桥、钢筋水泥桥。"

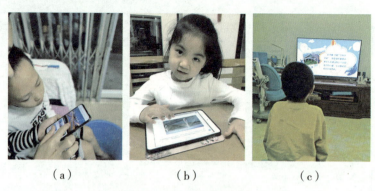

（a）　　　　　　　（b）　　　　　　　（c）

图5-8-16　寻找桥的种类

1. 桥的作用

讨论桥的作用。（见图5-8-17）

豆豆说："让车子开过去。"

壹诺说："人走过去。"

谦谦说："桥下也有船可以开过去。"

（a）

（b）

（c）

图5-8-17 讨论桥的作用

2. 桥的种类

分享自己见过的桥的种类。（见图5-8-18）

港珠澳大桥
（a）

开封古桥
（b）

从化大桥
（c）

独木桥
（d）

木桥
（e）

图5-8-18 我见过的桥

3. 桥都有哪些构成呢?

桥的构成包括桥身、桥墩、桥护栏、桥拱。

孩子的学习行为有哪些?

(1)幼儿在家通过电子网络知道了各种各样的桥,有梁桥、石头桥、木头桥、高速大桥、铁桥、木板桥、钢筋水泥桥、吊桥等,都是不一样的。

(2)原来桥都是不一样的,有各种各样形状、大小、造型、装饰、材料等。

(3)利用国庆假期外出实地考察各种各样的桥,通过参观桥和搜集相关资料,使幼儿了解到桥的新知识,知道桥的名字,会分辨桥的种类。

教师反思:

幼儿遇到问题能主动想办法解决,学会使用网络查找信息知道桥都是不一样的,通过已有的生活经验知道桥的结构和作用。

(二)我可以自己设计桥吗?

在团讨中,孩子们纷纷表达了自己的见解,答案非常多,最后以调查表的形式,每组的孩子把自己知道的材料和工具用绘画的形式表现出来。(见图5-8-19)

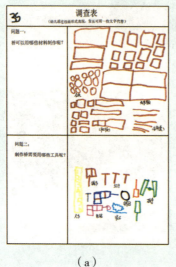

(a)

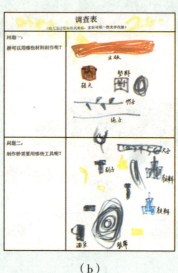

(b)

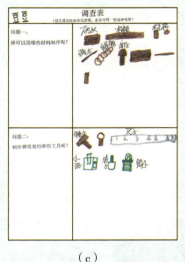
（c）

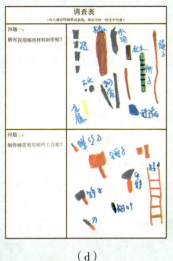
（d）

图5-8-19　绘画材料和工具

孩子的学习行为有哪些?

（1）能够通过自己看到的和想到的，探索适合搭桥的材料。

（2）尝试小组合作，用绘画、符号等简单记录自己的发现。

（3）请爸爸妈妈参与活动，帮忙写上文字。

教师反思:

在探索设计桥的过程中，孩子们先自主思考，然后在活动中把自己的想法提出来，如孩子们不会写字，可以用绘画的方式表示。请爸爸妈妈参与活动，帮忙写上文字。

（三）我们可以怎么搭桥?

模拟搭桥。（见图5-8-20）

孩子们的桥搭好了，但是发现有的地方没有桥栏杆。

梓扬：我们的栏杆摆得太密了。

浩骋：对哦，那我们拿走一些瓶子，摆在没有栏杆的地方吧!

梓扬：我也来试一试。

浩菱：你要走慢一点哦!

墨涵：为什么倒了呢?

梓扬：我知道问题出在哪里了，我们的桥墩罐子太少了。

浩菱：我去找找还有没有罐子。

浩骋：我也去找找（大家一起行动），我找到一个大罐子。

墨涵：这个大罐子看起来不稳。

森森：那我们试试吧，我们把大罐子放在转弯的地方吧。

梓扬：我来拍拍它，看看稳不稳。

墨涵：耶，真的可以哦!

梓扬：我们看看哪里还缺少罐子。

梓扬：我们的桥没倒。

豆豆笑着说：但是你们的栏杆倒了。

图5-8-20　初次尝试用积木搭桥

孩子的学习行为有哪些?

能运用绘画的方式把材料表现出来，请爸爸妈妈用文字写上去。

结合具体的搭建，知道大罐子和小罐子的区别。

教师反思：

经过孩子们的尝试，发现把大罐子搭建在转弯位置比用一个小罐子更加牢固。通过这次搭建，从发现问题到解决问题，充分表现出孩子们的交往能力，并且学会了总结反思。

（四）我们的桥护栏不牢固，怎么办?

延续上一次的搭建，孩子们发现桥的护栏不牢固，由此产生以下讨论。

梓扬：发现桥护栏不够重，太轻了，需要换一种材料。

梓扬：桥身也要再搭宽一点，这样更加稳固。

梓扬：拿大罐子和正方形的积木对比，发现正方形的积木更加牢固。

豆豆：桥墩做好了，再把桥身铺上去。

梓扬：找到长长的积木搭桥护栏。

森森：把小罐子放在桥护栏上可以装饰，加上楼梯我们就可以走上去了。

于是，孩子们自己动手解决桥护栏不牢固的问题。（见图5-8-21）

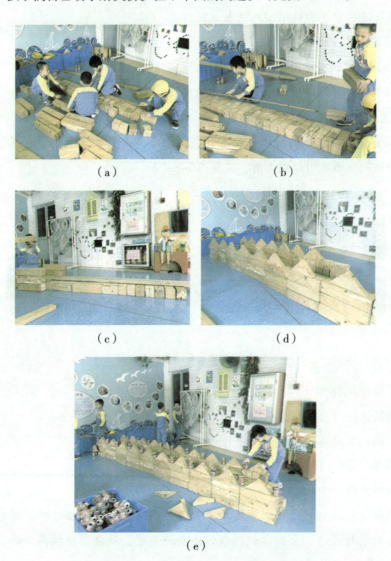

（a）　　　　　　　　（b）

（c）　　　　　　　　（d）

（e）

图5-8-21　解决桥护栏不牢固的问题

孩子的学习行为有哪些？

（1）发现桥护栏不够重，太轻了，更换较大较长的积木来搭建。

（2）比较大罐子和正方体积木，结合桥面的宽度，觉得正方体积木更适合搭桥墩。

（3）对桥进行装饰，加上灯，最后加上楼梯和地面相连接。

教师反思：

（1）在集体活动中能倾听同伴的意见，结合实际情况选择材料进行搭建，在此过程中也锻炼了幼儿的表达能力。

（2）会区分材料的轻重、宽窄、承重的特征。

（3）懂得欣赏桥的艺术美，会模仿现实生活中的桥进行装饰。

（4）幼儿可在搭建过程中发展沟通与协商能力。

（五）怎么才能让桥底通船

孩子发现自己做的桥和真的桥有点不一样，真的桥底下是可以通船的，我们的桥怎么做才可以通船呢？（见图5-8-22）

（a）　　　　　　　　　　（b）

图5-8-22　探索桥底通桥的方法

豆豆：桥身太窄了，桥墩做太多了

梓扬：桥身、桥墩重新搭建好了，试一试，看看行不行。

梓扬：发现桥面太窄了，两个人不能同时走。

森森：尝试搭建船，并且能通过。

教师反思：

经过上一次搭建总结出现桥拱不能通船的问题，幼儿经过观察思考，及时想办法进行改造，大胆尝试，增加桥墩的高度，解决了桥拱高度和宽度问题，使船可以成功通过。

（六）牢固的桥护栏怎么做？

接着我们把桥墩增高了，桥底下可以通船了，但是又矮又小的桥护栏不牢固，这该怎么搭建呢？（见图5-8-23）

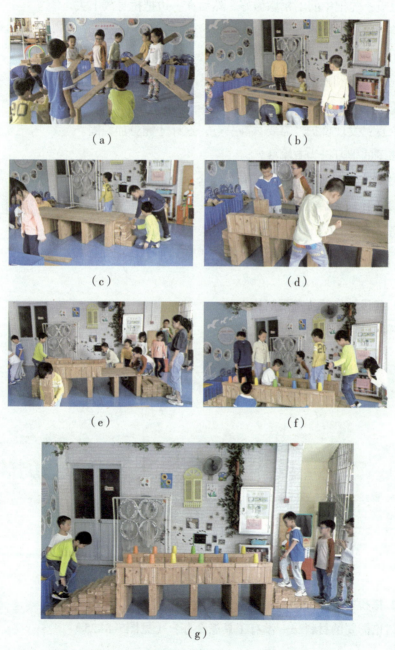

图5-8-23 继续解决桥护栏不牢固的问题

森森：用一个更重的积木来搭建。

梓洋：或者用更长的也可以当桥护栏。

可可：数了数桥墩，两边对比了一下，发现另一边多了一个桥墩。

豆豆：先把中间的桥墩做好，然后在一边把桥身放上去。

梓扬：试一试吧。

小小：还不行，要再加一块呢。

此时桥墩和桥身已经完成。大家分工合作，一组搭建桥的楼梯，一组搭建桥护栏。

森森：发现桥护栏需要再高一点，这样才能更加稳固。

孩子的学习行为有哪些？

（1）能善于运用已有的经验，结合自己的想法进行搭建。

（2）比较大罐子和正方体的积木，结合桥面的宽度，认为正方体积木更适合搭桥墩。

（3）用彩色杯子装饰桥并加上灯，最后加上楼梯和地面相连接。

（七）怎么搭一座真正的桥？

1. 我设计的桥（前后对比）

桥的设计图，图5-8-24。

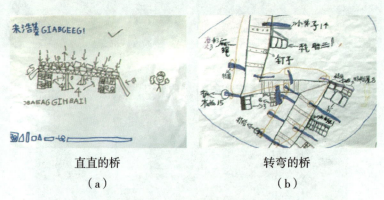

直直的桥　　　　　　　　　　　转弯的桥
（a）　　　　　　　　　　　　　（b）

图5-8-24　桥的设计图

2. 搭桥需要哪些材料？

讨论需要的材料——没有工具怎么办？（见图5-8-25）

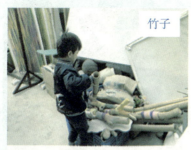
竹子

木板

砖头

轮胎

（a）

（b）

图5-8-25 寻找材料

3. 怎么样固定桥墩和桥面?

（1）先来制作桥墩吧。在重复搬运轮胎的过程中，做好一个桥墩。

（2）奶粉罐太轻了，我们装一些沙子进去吧。

（3）四个奶粉罐用透明胶粘在一起更加受力。

孩子们尝试搭建桥墩。（见图5-8-26）

图5-8-26　搭建桥墩

4. 怎么样固定桥墩和桥面

桥面初步形成，可是桥面不稳，一边会翘起来。（见图5-8-27）

图5-8-27　搭建桥面

尝试一：用麻绳绑

结果：失败，麻绳不能四块一起绑，也不能绑紧。（见图5-8-28）

图5-8-28 探索固定桥面的方法——用麻绳绑

尝试二：用钉子

结果：失败，钉子钉不进轮胎，不能和轮胎结合在一起，起不到固定作用。使用锤子钉钉子的时候很容易锤到自己的手，之后小朋友发现可以戴上手套保护自己的小手。（见图5-8-29）

图5-8-29 探索固定桥面的方法——用钉子

尝试三：用木板固定

（1）徒手测量木板的尺寸，发现不够标准。

（2）找到专业的尺子，成功完成测量。（见图5-8-30）

（a） （b）

图5-8-30 探索固定桥面的方法——用木板固定

孩子的学习行为有哪些?

(1)能够大胆设计桥,寻找制作桥的材料。

(2)一个奶粉罐承受不起桥面的重量,想办法改造奶粉罐。

(3)在搭建的过程中,知道要保护自己。

(4)在固定桥面的时候,能够尝试多种方法,找到最合适的方法。

(5)探索如何测量木板的长度。

教师反思:

在活动过程中,孩子有计划地按照搭建的步骤进行搭建,分工合作,寻找需要用的材料,学会使用专业的尺子测量木板的长度,自己不懂的时候,及时请求电工明叔叔帮助。发现桥面不稳固问题,集体思考用钉钉子的方法解决,钉子太小了,使用锤子的时候容易锤到自己的手指,戴上手套就可以保护自己的小手了。

(八)怎么样使用工具?

(1)请电工明叔叔教我们使用锯子。(见图5-8-31)

(a)   (b)

图5-8-31 使用锯子

(2)锤子也上手了,怎么钉不进去呢?(见图5-8-32)

(a)   (b)

图5-8-32 钉钉子

（3）原来这是螺丝不是钉子。（见图5-8-33）

图5-8-33 螺丝和钉子对比

（4）结果：桥面做好了，成功完成桥面的搭建。（见图5-8-34）

图5-8-34 尝试使用工具搭建

孩子的学习行为有哪些?

（1）遇到问题主动请求专业电工叔叔的帮助。

（2）知道使用工具的方法。

（3）发现螺丝和钉子的区别。

教师反思:

鼓励孩子遇到自己不能解决的问题时，可以寻求他人的帮助，增强孩子的交往能力和社会发展技能。通过观察比较与操作，发现钉子和螺丝是相同种类的物品，但其特征是不一样的，螺丝是螺旋形状的，钉子是光滑面的。

（九）桥墩不稳怎么办呢？

（1）转弯位置用砖和奶粉罐固定。（见图5-8-35）

（a）　　　　　　　　　　　　　　　（b）

图5-8-35　转弯位置用砖和奶粉罐固定

（2）轮胎踩上去有点软，在轮胎里面加砖，上面加桌板。（见图5-8-36）

（a）

（b）

图5-8-36　改进桥墩不稳定的问题

孩子的学习行为有哪些?

（1）探索中能与他人合作与交流。

（2）发现桥墩不稳，利用物品的轻重的特征重新搭建。

（3）学会分析问题和解决问题。

教师反思：

支持和鼓励孩子在探索的过程中积极动脑寻找答案或解决问题。教师帮助孩子记录搭建过程。

（十）怎么做桥护栏?

（1）筛选长木来做桥护栏。（见图5-8-37）

图5-8-37　筛选木头

（2）不够长，怎么办？（见图5-8-38）

图5-8-38　对比木头

（3）我可以把两条短的拼接起来。（见图5-8-39）

图5-8-39　拼接木头

（4）确定护栏位置。（见图5-8-40）

图5-8-40　确定位置

（5）粘透明胶试一试，失败了。（见图5-8-41）

图5-8-41　透明胶尝试

192

（6）麻绳试一试，失败了。（见图5-8-42）

图5-8-42　麻绳尝试

（7）最后，想到使用钉子。（见图5-8-43）

图5-8-43　使用钉子

（8）请电工明叔叔帮忙。（见图5-8-44）

图5-8-44　请明叔叔帮忙

（9）沿着桥护栏的长度量好，把需要用的麻绳长度拉好，确定好位置就开始绑在桥护栏上面。最后把桥两端的麻绳打结。（见图5-8-45）

（a）

（b）

（c）

图5-8-45　麻绳打结

（10）请明叔叔帮忙用电钻打孔，钉上钉子，固定桥护栏。（见图5-8-46）

图5-8-46 固定桥护栏

（11）完成桥护栏的搭建。（见图5-8-47）

（a）　　　　　　　　　　　（b）

图5-8-47 小朋友们一起搭建桥护栏

孩子的学习行为有哪些?

（1）在观察探索的基础上，对木条进行分类。

（2）发现一种方法行不通，及时更换另一种方法。

（3）孩子懂得把自己的好想法分享给其他小伙伴。

教师反思:

孩子把木条的大小、长短、粗细进行归类、排序，逐步形成逻辑思维能力。同时，对各种问题探索也能锻炼孩子良好的思维能力及动手操作能力。鼓励孩子通过多方面的努力解决问题，不轻易放弃，不断地尝试。孩子知道打结的方法也会教会其他同伴。在此过程中，孩子的手部精细动作得到了锻炼。

（十一）给桥取名，制作桥规则和指示牌

1. 给桥取名字

经过团讨，幼儿分别给桥取了几个名字：摇摇桥、木板桥、沙水桥、水桥、金海岸沙水大桥、金沙大桥。可是只需要一个名字，该怎么办呢？（见图5-8-48）

聿文说："用贴贴纸的方式进行投票。"大家一致同意。

最后取名为：金沙大桥。

寓意是：我们的桥是在金海岸幼儿园沙水区建的，所以叫金沙大桥。

（a）

（b）

图5-8-48　讨论桥取什么名字

2. 制作桥规则和指示牌

（1）桥做好了，孩子们在一旁欣赏的时候，很喜欢画画的有奕说道："我可以在桥上画画吗？这样桥可以穿上漂亮的衣服，别人又可以看到我画的画了。"

我来画画。（见图5-8-49）

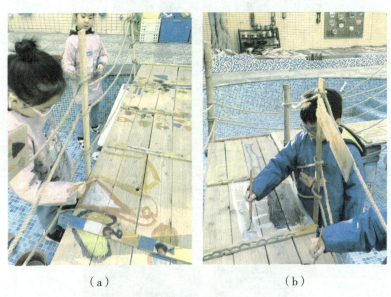

（a）　　　　　　　　　　　　　（b）

图5-8-49　桥上画画

我会绑气球。（见图5-8-50）

（a）

（b）

图5-8-50　装饰桥

在孩子们齐心协力的分工合作下，我们的桥面变得丰富起来了。

（2）把"金沙大桥"的名字写出来，我们的桥起点和终点在哪里呢？要有指示牌我们就可以按照指示的方向走过去。（制作了入口、出口和方向、禁止汽车通行、只限幼儿每次10人通行的指示牌，见图5-8-51）

（a）

（b）

（c）

图5-8-51 制作桥的通行规则和指示牌

（3）把交通模拟区的指示牌改造设计为我们自己的标志，用螺丝刀将纸皮穿孔，用麻绳穿过去就可以绑在桥护栏上面了。（见图5-8-52）

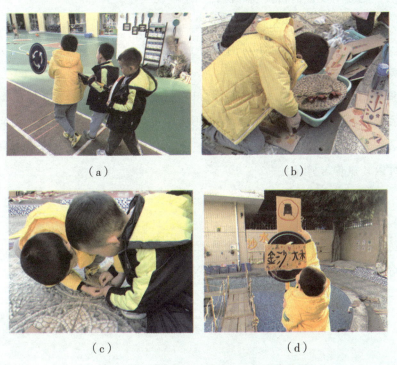

（a） （b）

（c） （d）

图5-8-52 探索指示牌最合适的安装位置

（4）这样，我们的桥就做好了！（见图5-8-53）

图5-8-53　桥搭建完成

孩子的学习行为有哪些?

（1）能够用多种材料去装饰桥，如绘画、气球等。

（2）围绕着周围环境的特点给桥起名字。

（3）知道我们的桥是不能通车的，需要设置一些禁令牌。

教师反思：

孩子们根据生活中已有的经验，用颜料绘色来装饰桥面，用自己制作的作品去美化桥。给桥取了一个具有幼儿园环境特点的名字。知道我们的桥是不能通车、只限幼儿每次10人通行的，要制作指示牌，其他人就会看到，这样就可以按照指示通过。

（十二）怎么样举办通桥仪式?

1. 选工作人员

选举通桥仪式的工作人员。（见图5-8-54）

竞选出：主持人孙织梦、介绍人武祁元。

（a）

（b）

图5-8-54　选举通桥仪式的工作人员

2. 制作邀请函

（1）分工合作制作邀请函，该怎么制作呢？

把我们做的桥画在邀请函上，再写上时间，这样别人就知道什么时候来参加活动了。（见图5-8-55）

（a）

（b）

图5-8-55　制作邀请函

（2）把邀请函送到参加通桥仪式活动的人的手中。（见图5-8-56）

（a）　　　　　　　　（b）

图5-8-56　发送邀请函

3. 正式通桥仪式

（1）请参加活动的人员签上名字。（见图5-8-57）

（a）　　　　　　　　　　　　　（b）

图5-8-57　被邀请参通桥仪式人员签名

　　然后主持人介绍现场参加通桥活动的人员，分别是李园长、谢园长，还有大二班、中三班、小四班全体小朋友。接着就是武祁元小朋友介绍我们的金沙大桥是如何搭建的？（见图5-8-58）

（a）

（b）

图5-8-58　主持人开场介绍金沙大桥

　　最后，请所有小朋友都来通行金沙大桥，体验成功搭桥的快乐。

　　（2）在通桥的过程中小朋友要注意安全，每次只限10个小朋友通行哦！
（见图5-8-59）

（a）

（b）

（c）

（d）

图5-8-59　邀请其他班小朋友通行金沙大桥

孩子的学习行为有哪些?

（1）能够使用个人竞选的方式选择工作人员。

（2）尝试制作邀请函，在此过程中能够听取他人的意见，一起完成邀请函的制作。

（3）邀请园长老师和其他小朋友一起分享自己的成果。

（4）发现小班的弟弟妹妹比较胆小，主动上前帮助他们。

教师反思:

（1）孩子能够通过竞选的形式选出主持人和介绍人，以欣赏的态度对待每一个小朋友，注意发现同伴的优点。

（2）在制作邀请函的时候，愿意听取他人的意见，结合自己的想法去完成。

（3）养成主动帮助他人的好习惯，要有大哥哥大姐姐的风范，起到带头作用。

（4）提高了人际相互交往和共同活动的技能。

七、项目反思

本次项目活动源于孩子在游戏中产生在泳池上建桥的想法，教师抓住了"如何在泳池建一座桥"这个问题。这源于孩子的真实生活，是对孩子具有挑战性的驱动问题。在项目进行中，孩子不断地提出问题形成问题链，通过三次模拟搭建，总结出使桥面变宽、桥护栏变稳固、桥墩变宽的经验。在持续进行探究和推进自己学习的过程中，孩子能够在团讨时踊跃参与，说出自己的见解，以提升自己解决问题的能力。在选取地点和建桥材料中，通过自己的探索和寻求成人的帮助、同伴的分工合作，一起完成了桥的搭建。幼儿通过观察、比较、操作、实验等方法完成桥的搭建，体现了他们搭建的能力和艺术审美能力。幼儿不断地提出问题、发现问题、分析问题和解决问题，不断积累经验，并将经验迁移运用到新的学习活动中，形成受益终身的学习态度和能力。

注：本案例属于广东省学前教育"新课程"科学保教示范项目"基于项目式学习（PBL）理念幼儿园地方课程发展的合作行动研究"（编号：2020XQXKCB03）的研究范畴。

第六章 "和悦"课程组织实施（特色部分）

第一节 "墨美童真"课程目标

一、总目标

以墨致乐，以墨创美，以墨启慧，培养自信、乐于探究、乐于创造的灵动幼儿。

二、水墨画特色课程的年龄阶段目标

（一）感受与欣赏

目标1：喜欢水墨画，感受传统文化的美。（见表6-1-1）

表6-1-1 喜欢水墨画，感受传统文化的美

3～4岁	4～5岁	5～6岁
1.初步了解水墨画，激发幼儿对水墨画的喜爱之情 2.在简单的造型、浓淡的墨色变化中感受传统文化的熏陶	1.感受水墨特性，激发幼儿对水墨的兴趣 2.通过水、墨、色在宣纸上的奇妙变化，感受水墨之美	1.喜欢水墨活动，感受水墨画中的意境之美 2.以传统的技法和幼儿的大胆想象、创新相结合的过程，让他们在传统文化的熏陶中快乐成长

教育建议：

（1）幼儿多接触大自然，感受和欣赏美丽的景色。

（2）经常带幼儿参观园林、名胜古迹等人文景观，讲讲有关水墨画的历史故事、传说，与幼儿一起讨论和交流对美的感受。

（3）发现水墨画中事物的特征，感受美和欣赏美。

（4）幼儿观察常见的动植物以及其他物体，引导幼儿用自己的语言、动作等描述关于它们美的方面，如颜色、形状、形态、动态等。

目标2：喜欢欣赏不同形式的水墨艺术作品。（见表6-1-2）

表6-1-2　不同年龄段幼儿喜欢欣赏的不同形式的水墨艺术作品

3～4岁	4～5岁	5～6岁
1.乐于欣赏水墨所表现的艺术作品，丰富幼儿的美感体验 2.欣赏水墨作品能大胆表达自己的情感	1.欣赏水墨所表现的艺术作品，感受水墨作品中蕴涵的情感 2.在体验、探索、游戏中感受水墨的独特绘画语言，体会中国画的艺术美	1.欣赏水墨作品时能用表情、动作、语言等方式表达自己的理解与感受 2.感受水墨淋漓、流动的趣味，大笔挥毫的洒脱，墨色变幻的神奇 3.愿意与别人分享、交流自己喜爱的水墨作品和自己的美感体验

教育建议：

（1）创造条件让幼儿接触多种水墨形式和作品。例如，经常让幼儿接触适宜的各种形式的水墨作品，丰富幼儿对水墨画的感受和体验。

（2）与幼儿一起用水墨画作品装饰和美化环境。

（3）带幼儿观看或者共同参与岭南文化艺术和与水墨相关的文化活动，如书法、国画等。

（4）有条件的情况下，带幼儿去美术馆、博物馆等欣赏水墨艺术作品。

（5）尊重幼儿的兴趣和独特感受，理解他们欣赏时的行为，如当幼儿主动介绍自己喜欢的水墨画作品时，要耐心地倾听并给予积极的回应和鼓励。

（二）表现与创造

目标1：不同年龄段幼儿喜欢的水墨画活动及大胆表现。（见表6-1-3）

表6-1-3　不同年龄段幼儿喜欢的水墨画活动及大胆表现

3～4岁	4～5岁	5～6岁
1.通过点、线、面的绘画知识，激起幼儿学习的兴趣，体验水墨的情趣 2.认识毛笔的长短粗细，用不同的墨色来表现，熟悉水和墨的关系 3.认识墨色的干湿浓淡变化，能用随意的线条表现自己的想象	1.初步尝试用中锋、侧锋、浓墨、淡墨画出流畅线条，能大胆表现自己对水墨画的感受 2.熟悉水墨画工具材料的性能，能基本掌握水墨画的绘画技巧，大胆进行绘画	1.初步尝试用皴、擦、点、染的技法表现事物的外形特点，同时加深幼儿对水墨画的兴趣 2.能用多种工具创作水墨作品，大胆表达自己的感受和想象 3.在水墨画艺术活动中能与他人相互配合，也能独立表现

教育建议：

（1）创造更多的机会和条件，支持幼儿创作。

（2）提供丰富的便于幼儿自己取放的水墨画材料、工具或者物品，并且支持幼儿进行各种形式的水墨画艺术活动。

（3）经常鼓励幼儿创作水墨画作品，并且共同分享艺术活动的乐趣。

（4）营造安全的心理氛围，让幼儿敢于并乐于表达表现。例如，创作完水墨画的作品后，让幼儿大胆讲述自己的画作，在幼儿需要时再给予具体的帮助。

（5）了解并倾听幼儿艺术表现的想法或感受，领会并尊重幼儿的创作意图，不要简单地用"像不像""好不好"等成人的标准来评价。

（6）展示幼儿的水墨画作品，鼓励幼儿用自己的水墨画作品或艺术品布置环境。

目标2：具有初步的水墨画艺术表现能力与创造力。（见表6-1-4）

表6-1-4　不同年龄段幼儿应具有的初步的水墨画艺术表现能力与创造力

3～4岁	4～5岁	5～6岁
1.通过学习丰富幼儿的感性经验，激发幼儿表现美和创造美的情趣和能力 2.鼓励幼儿大胆尝试利用各种各样的材料，并融入自己的创作中，体验水墨游戏的快乐	1.尝试用各种各样的表现方式来表现水墨的墨色变化，提高观察表现能力 2.通过尝试用不同的色彩、笔墨干湿与材料的综合造型，从而体验水墨的独特意趣	1.灵活运用墨色的变化、水墨技法表现自己的情绪、喜欢的事物、自然情景 2.能自主选择水墨画创作的工具、材质、材料大胆进行不同形式的水墨艺术创作 3.大胆发挥创意，创作水墨作品布置环境、美化生活

教育建议：

（1）尊重幼儿自发的表现和创造，并给予适当的指导，如鼓励幼儿在生活中细心观察、体验，为水墨画的创作积累经验与素材（观察不同树种的形态、色彩等）。

（2）提供丰富的材料，如图书、照片、绘画作品等，还有创作的玩具、树叶、印章等图形各异的工具等，让幼儿自主选择，用自己喜欢的方式去模仿或创作，成人不做过多的要求。

（3）根据幼儿的生活经验，与幼儿共同确定艺术表达的主题，引导幼儿围绕主题展开想象，进行水墨画的艺术表现。

（4）幼儿绘画时，不宜提供范画，特别不应要求幼儿完全按照范画来画。

（5）肯定幼儿作品的优点，用表达自己感受的方式引导其提高。例如，"你画的叶子线条非常流畅，再画多一点。""小羊身上的毛，你用墨色水分控制得很好，毛茸茸的，非常棒。"

（三）各年龄阶段的水墨技法与材料

幼儿水墨技法。（见图6-1-1）水墨材料。（见图6-1-2）

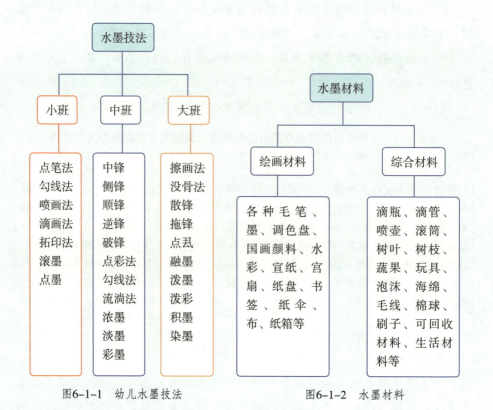

图6-1-1 幼儿水墨技法   图6-1-2 水墨材料

第二节 "墨美童真"课程内容

"墨美童真"课程内容。（见图6-2-1）

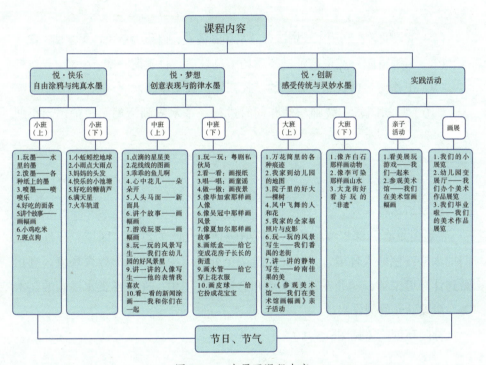

图6-2-1 水墨画课程内容

第三节 "墨美童真"课程组织与实施

一、组织与实施的形式

（1）集体：综合运用各种教学方法进行主题教学活动学习，每周一次。

（2）小组：结合各年龄段适合的材料开展探索学习，每周一次。

（3）区域：各班创设水墨区域，投放丰富的材料，让幼儿自主学习，每周三次。

（4）亲子：各班自主结合画展、户外写生等形式开展亲子秋游或春游活动。

（5）户外写生：教师组织幼儿在园内写生活动，每月一次；小区写生活动，每学期两次或以上。

（6）展示与交流：幼儿园组织对外开放水墨画展示与交流，每学期两次。

（7）家长助教：利用家长资源开展水墨画活动，以班为单位，每学期一次。

（8）名师进园：邀请名师进园现场示范教学，每学期一次。

（9）工作坊：以自主、共享的模式开展，每学期两次。

（10）师幼同堂：教师与幼儿同时进行一个水墨画活动（教师也当小朋友），每学期一次。

二、实施方法

1. 学习环境

"墨美童真"课程实施的学习环境包括幼儿园的班级、区域、户外。我们把水墨特色融入环境，为幼儿创造一个处处有美感的水墨教育环境，真正做到让环境说话，幼儿在富有墨韵和意境的环境中，充分感受水墨画的艺术美，激发幼儿的创作兴趣。

梯间环创。（见图6-3-1）

（a）

（b）

（c）

（d）

图6-3-1　梯间环创

走廊吊饰。（见图6-3-2）

（a）

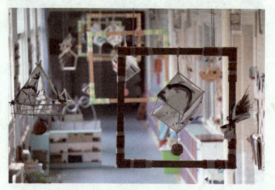

（b）

（c）

（d）

图6-3-2　走廊吊饰

班级室内环创。（见图6-3-3）

（a）

（b）

（c）

（d）

图6-3-3　班级室内环创

2. 主题探究活动

《指南》中对于幼儿的美术活动，强调用生活化的教学来促进幼儿美术能力的深化。我园在水墨画活动中，更关注水墨画与幼儿的生活经验的同步性，通过主题探究的形式，促进幼儿的生活经验与水墨相融合。

3. 集体教学活动（小组活动）

水墨特色教学活动设计，以游戏化、生活化的方式鼓励幼儿进行自主探究。

4. 亲子活动

《纲要》指出，家庭是幼儿园重要的合作伙伴。幼儿教师应本着尊重、平等、合作的原则，争取家长的理解、支持和主动参与，并积极支持、帮助家长提高教育能力。"墨美童真"水墨特色课程在开展过程中成立了家长艺术团，让家长亲身参与到水墨活动中，感受水墨的独特魅力。充分挖掘家长资源，如开展家长课堂、户外亲子写生、观看画展等，不断丰富特色课程的建设路径。

5. 展示与交流

每次的展示与交流都是一次成长。在课程实施的过程中，我园积极组织对外开放水墨画展示与交流活动，以活动带动教师与幼儿的成长，促进课程的再优化。

6. 专家进园指导培训

专家引领的意义有两点：一是传道解惑，二是持续赋能。我园在教师培训工作中坚持以专家引领，促进教师的专业化成长，为特色课程的建设打下坚实的基础。

第四节　"墨美童真"课程评价

一、课程评价的路径

"学前教育评价，是教育评价的一部分，是对于学前教育活动有关的各个方面进行科学的价值判断的过程。"[①]学前儿童水墨教育属于幼儿五大教育领域中的艺术领域范畴，学前儿童艺术教育评价是学前教育评价的内容之一，但是在具体运用上，又有一定的特殊性。

1. 评价主体

从对象上划分，学前儿童水墨教育评价包括两个方面的内容：一是对幼儿通过水墨学习，其发展状况的评价；二是教师水墨教育工作和效果的评价，包括对水墨教育计划的评价和对水墨教育活动中教师的观念态度、活动组织形式、教学目标适宜程度、师幼互动的质量等进行的评价。在方法上，

---

① 王坚红. 学前教育评价——理论·方法·实践［M］. 北京：人民教育出版社，1994：1.

我们主要采用最常用的观察记录、量表评定、问卷调查三种方法。

2.评价内容

（1）幼儿评价方面

对幼儿在水墨方面的发展评价，主要集中于对幼儿水墨表现能力以及对水墨知识、经验三个方面进行评价，主要采用量表评定、观察记录和作品分析的方法来展开。

①量表评定法。

a.对不同年龄段幼儿水墨能力的发展水平进行评估：小班幼儿水墨能力的发展水平评估表。（见表6-4-1）中班幼儿水墨能力的发展水平评估表。（见表6-4-2）大班幼儿水墨能力的发展水平评估表。（见表6-4-3）

表6-4-1　小班幼儿水墨能力的发展水平评估表

评价内容		发展评价			
		优	良	合格	仍需努力
水墨情感与态度	对水墨画活动有初步的喜爱之情，愿意探索				
水墨表现能力	能大胆地玩墨，尽情地泼、洒、点、染				
	尝试用各种材料与墨进行游戏，感受材料与水墨之间的关系				
	初步尝试用不同的墨色来表现干湿浓淡的变化				
水墨知识与经验	认识毛笔的长短粗细				
	熟悉水和墨的关系				
	认识点、线、面的绘画知识				
	初步认识干湿浓淡的变化				

表6-4-2　中班幼儿水墨能力的发展水平评估表

评价内容		发展评价			
		优	良	合格	仍需努力
水墨情感与态度	愿意主动参与水墨画活动				

续　表

评价内容		发展评价			
		优	良	合格	仍需努力
水墨表现能力	初步尝试用中锋、侧锋的技法和浓墨、淡墨的表现手法画出流畅的线条				
	尝试用不同的色彩、笔墨干湿及工具、材料进行综合造型，体验水墨的意趣				
水墨知识与经验	了解、熟悉水墨画工具材料的性能				
	了解水墨画中锋、侧锋的绘画技巧以及浓墨、淡墨的表现手法				

表6-4-3　大班幼儿水墨能力的发展水平评估表

评价内容		发展评价			
		优	良	合格	仍需努力
水墨情感与态度	喜欢水墨画，乐于创作作品和布置环境				
	在活动中能独立表现，也能与他人相互配合				
水墨表现能力	初步尝试用皴、擦、点、染的技法表现事物的外形特点				
	能自主选择水墨画创作的工具、材料，大胆进行不同形式的水墨艺术创作				
水墨知识与经验	了解、基本掌握"皴、擦、点、染"的水墨技法				

b. 水墨画活动中幼儿学习品质的评价指标。（见表6-4-4）

表6-4-4　水墨画活动中幼儿学习品质的评价指标

标准（指标）	等　级
最初参与水墨画活动的行为	1.犹豫不决或不愿意 2.参与 3.热情地参与
活动中的注意力、专注力	1.非常容易被其他人、事、物分散精力 2.有时候能够集中注意力 3.坚持、专注于活动

续 表

标准（指标）	等 级
活动中的目标意识	1.围绕个人目标而非教学任务来进行活动 2.在个人目标与教学目标之间摇摆不定 3.能有效地完成教学任务
活动中的持续性	1.对任务的关注非常随意，没有持续迹象 2.断断续续 3.始终关注

幼儿水墨活动观察记录表。（见表6-4-5）

表6-4-5 幼儿水墨活动观察记录表

幼儿姓名：　　　　　　　时间：　　　　　　　观察者：

品质表现		过程描述	照片+视频
感兴趣			
在参与			
在困境中坚持			
能主动表达自己的想法			
承担责任			

分析：

思考（下一步）：

学习评价表格，是教师在日常生活中的观察记录，是对幼儿的表现进行概括，这个观察记录方式也能使教师更有效地了解孩子，同时在思考（下一步）中，为教师提供近期计划指引。

② 表格中品质内容的解析。

感兴趣：在这里发现对某一事物的兴趣——一个话题、一项活动、一个角色，识别出自己所熟悉的物体。

在参与：注意力持续一段时间，感到安全，信任别人。与其他人一起玩或者与材料互动。

在困境中坚持：在遇到困难时，能自己想办法解决问题。

表达：能用口头语言、绘画……讲述故事。

承担责任：对其他人、故事和想象的事件做出回应，自我评价，帮助他人，等等。

幼儿水墨作品分析。（见表6-4-6）

表6-4-6 幼儿水墨作品分析

姓 名		时 间	
活动名称		记 录 人	
作品照片			
创作过程			
作品分析			

通过作品分析记录，教师可以更好地了解小朋友们的创作过程和能力水平。幼儿作品评价主要从色彩选用、画面构图、技能方法、画面情节、情绪情感、创意表现、问题解决等方面来开展。

（2）对教师工作的评价

对教师水墨画活动工作的评价主要包括对水墨教育计划的评价和对水墨教育活动中教师的观念态度、活动组织形式、教学目标适宜程度、师幼互动的质量等，主要通过量表评定法、问卷调查法的方式来进行。

以下是通过量表评定法对教师综合能力评价。（见表6-4-7）

表6-4-7　教师综合能力评价表

项　　目	指　　标		
	差	中	好
1.关于儿童水墨画活动的知识 （1）教师对水墨画历史的了解 （2）教师对儿童水墨画的认识 （3）教师对水墨画技能的掌握 （4）教师的水墨画教学能力			
2.关于幼儿的知识 （1）教师向幼儿展示的内容适合当下幼儿的发展水平 ①教师抛出的教学任务与幼儿水墨学习能力相一致 ②教师抛出教学任务的顺序与幼儿学习能力相一致 （2）水墨画活动展开的进度符合幼儿的发展水平与需要 ①活动展开的进度符合幼儿发展水平 ②活动展开的进度符合幼儿需要			
3.教学组织、方法与互动 （1）教学材料准备充分，大胆创新 （2）以唤起幼儿水墨学习兴趣的方式为教学出发点，凸显水墨游戏 （3）教学方法与教学目标相匹配 （4）活动过程中为幼儿提供必要、合理的支持 （5）精心安排互动，有效维持幼儿的参与热情			
4.期望 （1）教师使用语言或非语言方式认可幼儿的努力、坚持和专注 （2）教师对幼儿有较高的学习期望，且期望合适 （3）教师要求所有幼儿不仅要参与，而且要大胆想象，鼓励幼儿回答问题、主动探索			
5.教学评估与调整 （1）教师对幼儿进行观察和聆听，并根据幼儿的需要调整教学任务 （2）教师能基于教学课堂现场需要做出教学任务的调整 （3）教师能考虑不同幼儿之间的能力差异和发展水平上的差异，进而调整要求 （4）及时反思，发现问题、解决问题，调整自我			

（3）家长评价

刚接触水墨画时，家长认为小朋友学习水墨画是非常困难的，但经过一段时间的了解，看着幼儿拿笔、点墨、下笔……一步步成长，下笔越来越大胆、自信，在家里也会主动用毛笔调色涂抹，表现出浓厚的兴趣。家长也逐渐赞同并大力支持幼儿园开展水墨画特色活动。幼儿园还通过开展亲子水墨画活动，给家长展现幼儿的学习情况，使各位家长切身感受到水墨画的韵味，初步了解水墨画的基本技巧，进一步提升了对水墨画的兴趣，为我园水墨特色工作的开展奠定坚实的基础。

① 调查问卷：每学期一次，用开放的问卷调查，知道家长对水墨画的理解，促进家长参与水墨画的课程建设。

② 家长心得：家长参与幼儿园水墨画活动的心得体会。

③ 家长学习故事：通过观察、记录幼儿的水墨成长点滴，形成幼儿的水墨画成长故事。

二、课程总评价方式

通过实践探索，发现幼儿学习水墨画，不仅可以培养幼儿良好的学习习惯，如学习工具的摆放、墨色、学会倾听等，而且在探索墨色的变化中，会促进他们学习注意力集中、独立思考、大方表达，还会培养他们专注、仔细、责任感和合作意识。作画的过程更是心灵的释放，体验创作的过程，使孩子们感受成功的乐趣。在幼儿水墨画教学的过程中，会使幼儿体会到水墨画的独特魅力。它激发的不仅是幼儿学习的兴趣，在教学探索中，教师和幼儿一起在水墨渲染中探讨描绘童心世界，这也是促进教师学习的过程。

（1）表格式评价：初期、中期、后期，从幼儿的成长、教师的成长、家长的成长、课程四方面进行评价。

（2）记录式评价：对幼儿观察记录、学习成长故事、教师教研水平、家长学习故事进行总评价。

（3）问卷式评价：对教师和家长的阶段性问卷调查进行评价。

第五节　活动实践

活动1：画纸盒

——中班水墨活动教案

一、活动分析

小物品也有大创意。近年来随着经济社会的发展进步，绿色、低碳、环保的理念深入人心，幼儿对废物利用的观念也越来越强，每周都会将家里的瓶瓶罐罐、各种盒子带到幼儿园。"画纸盒——给它变成花房子长长的街道"活动就是把幼儿日常生活中经常接触到的可回收材料融入水墨活动中，这既能提升幼儿的环保意识，也能让水墨活动变得更加有趣。

二、活动思路

本活动可采用以下环节：前期可以先让幼儿收集各种尺寸不一的盒子，并通过亲子探索如何让盒子穿上白白的衣服（生宣纸）并把盒子带到幼儿园；课堂自由创作—搭建长长的街道—评价讨论。

三、活动目标

（1）学习绘画纸盒，并尝试把一堆纸盒变成一条立体的街道。

（2）积极大胆地参与创作活动，能大胆表现自己所观察到的物品和心中所想的事物。

（3）喜欢参与水墨创作，体验合作的快乐。

四、活动准备

1. 经验准备

小朋友与家长一起探索如何裱糊大纸盒，观察了解街道的场景（如清河市场、金海岸大道）。

2. 物质准备

（1）家长拍摄街道照片一组（4～6张）。

（2）昆虫照片30张，100克A4大纸（彩印）。

五、活动过程

（1）观看家长拍摄的图片，激发幼儿的兴趣。

① 观看图片，幼儿说一说看到了什么？是什么样子的？

② 说说自己和父母一起去采购、吃饭、喝茶，发生了什么有趣的事情？

（2）尝试在立体的物体上去表现自己观察到的各种物品，初步学习色彩表现方法。

（3）幼儿作画，教师巡回指导。

① 教师引导幼儿作画，帮助有困难的幼儿。

② 鼓励幼儿下笔，大胆积极创作。

（4）讲评活动，提高幼儿的审美能力。

① 教师将幼儿的作品一起展示出来。

② 幼儿进行交流、分享。

第二课时：小组合作尝试将完成的一个个盒子，构建成一条街道或市场，我们的水墨画《花房子长长的街道》，并添加辅助材料，丰富场景。

六、活动延伸

（1）大课之后小课：用四尺六开大宣纸，玩水墨画《比谁画得小，画得多画得满，还有空白》。

（2）美工区投放材料——盒子，并投放一些彩色图片供幼儿参考，尝试创作彩墨画。

七、活动反思

本次活动主要引导幼儿观察自己周围的生活环境（街道风景），学习用眼睛观察，用水墨画去呈现自己看到的事物。幼儿在体验、探索、欣赏中感受大自然的独特美感，能大胆尝试调配墨色的浓淡层次，激发幼儿感受不同的艺术美，体验作画的乐趣。同时，也让幼儿在体验、探索、欣赏中感受中国画的独特美感。

针对中班幼儿的年龄特点，以创设情境引入活动来更好地激发幼儿参与的兴趣，并运用教学投影仪辅助设备，通过观察和思考，幼儿展开自由讨论，以此激发幼儿的求知欲。让幼儿带着问题去学习，不断尝试，产生问题，解决问题，画自己知道的，而不是画看到的。儿童画不是现实世界的复制品，就像很多艺术大师的理论那样，我们不能看到什么画什么，精确的描绘不等于艺术。（见图6-5-1）

（a） （b） （c）

图6-5-1 幼儿创作的街景

活动2：唱一唱，画童谣

——中班水墨活动教案

一、活动分析

童谣是一种口耳相传的非物质文化遗产，在老广州一直流传着很多经典的童谣。我园一直致力于弘扬和传承广府文化，为孩子们创设一个敢说、想说、喜欢说、有机会说的粤语学习环境。激发幼儿对粤语童谣的兴趣以及热爱家乡文化的情感。当粤语童谣遇上水墨，不仅能激发幼儿学习广府文化的兴趣，也会增强活动的趣味性，同时也让幼儿在活动中提升音乐节奏感及表现能力。

二、活动思路

日常活动中教师与幼儿一起寻找、倾听、学唱粤语童谣，玩一玩童谣游戏，对粤语童谣表达的场景有了初步的了解，然后再进行创作和评价。

三、活动目标

（1）通过唱跳粤语童谣，知道童谣表达的主题。

（2）根据童谣尝试画一幅彩墨画，尝试用顺运笔、逆运笔的表现手法，学习中锋、侧锋技法的运用，发挥自己的想象力，大胆表达对童谣的理解。

（3）喜欢唱粤语童谣，能在集体面前大胆分享自己的画作。

四、活动准备

（1）粤语童谣《大西瓜》视频、音频。

（2）毛笔、墨水、颜料、水桶、毛巾、PPT课件。

五、活动过程

1. 听音乐，激发幼儿兴趣

（1）观看童谣舞蹈，一起随视频做动作。

（2）说一说，你觉得这个音乐是什么场景？引导幼儿说一说自己的感受。

2. 想象一下，听着这首音乐怎么用水墨画去表现它

（1）请小朋友分享自己的想法。

（2）出示课件，一起欣赏名家是如何用水墨画来表现画作的。

3. 幼儿作画，教师巡回指导

（1）播放童谣歌曲，在乐曲中创作。

（2）鼓励幼儿大胆下笔，自己想到什么就画什么。

（3）尝试运用两到三种色彩。

4. 讲评活动，提高幼儿的审美观

（1）教师将幼儿的作品放在展示板中。

（2）幼儿之间相互交流、分享。

六、活动反思

在日常活动中，指导孩子们学习我们的特色童谣，如粤语儿歌《大西瓜》《落雨大》《何家公鸡何家猜》《氹氹转》……孩子们对儿歌的兴趣很浓厚。本次活动通过欣赏童谣《大西瓜》的音乐、视频，在会唱童谣的基础上，幼儿再进行水墨画创作，孩子们会一边唱一边画。在画完各种西瓜后，孩子们还提出，要在西瓜旁边画一些别的作装饰，于是大胆地将自己的想法表达出来。（见图6-5-2）

（a）　　　　　　　　　　　　（b）

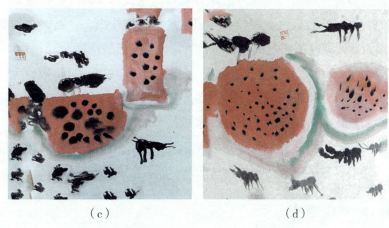

（c）　　　　　　　　　　　（d）

图6-5-2　中班粤语童谣《大西瓜》幼儿水墨画作品

活动3：万花筒里的各种痕迹

——大班彩墨画活动教案

一、活动分析

在幼儿的生活中，玩具万花筒是他们比较熟悉和喜爱的。本活动从幼儿生活的实物入手，有利于激发幼儿创作的兴趣。我们都知道万花筒现出的美丽图案是靠玻璃镜子反射图像而成的。它是由三面玻璃镜子组成一个三棱镜，再在一头放上一些彩色玻璃碎片，这些碎片的图像经过三面玻璃镜子的反射，就会出现对称的图案，看上去就像一朵朵盛开的花，这就是万花筒物理成像的原理。幼儿在探究万花筒成像的奥秘中，会不断发现其图案的特点，并感受其对称美。采用拓印、添画、剪贴等形式进行创作表现，激发其创作灵感。

二、活动思路

本活动可采用以下流程：玩万花筒—探索万花筒成像奥秘—观察万花筒图案特点—欣赏中心对称的图案—创作丰富多彩的万花筒图案作品—作品展示评价。

首先教师要在课前与幼儿一起玩万花筒，探究体验万花筒成像的奥秘以及图案的特点，然后通过大课堂和小课堂进行彩墨绘画、拼贴、拓印等方法进行创作，激发幼儿的学习兴趣，培养幼儿热爱生活的情感。

三、活动目标

（1）初步认识万花筒的图案是对称的。

（2）用绘画、拼贴、拓印等方法进行大胆创作，创作丰富多彩的图案。

（3）感受对称的美感，喜欢参与活动，能按自己的想法表现色彩。

四、活动重难点

玩对比游戏（对比色、近似色、同种色的运用游戏），大胆使用不同质感的材料进行创作。

五、活动准备

1. 经验准备

对万花筒有初步了解，初步知道万花筒成像的奥秘。

2. 物质准备

（1）万物之痕PPT课件、多媒体视频用于欣赏。

（2）万花筒道具、宣纸、毛笔、水桶，各种拓印材料若干（积木、玩具、蔬果……）。

（3）四尺六开大宣纸若干。

六、活动过程

1. 创设情景，激发兴趣

你们玩过光学小魔术吗？今天老师给大家变个小魔术（以小组为单位请幼儿一起欣赏万花筒），请小朋友观察万花筒里面的世界是什么样子的（幼儿大胆分享自己观察到的样子）。

小结：从万花筒的孔中看去可以观测到对称的美丽图像，这是因为光的反射，利用镜子把光反射进而形成图像。

2. 进一步感知，理解创作

（1）出示准备好的万物之痕照片。请小朋友们观察一下，老师出示的照片有不同物体的痕迹（表面的痕迹），有的物体表面很光滑，摸起来很舒服，有的物体表面很粗糙，摸起来不那么舒服。欣赏完这些图片之后我请小朋友们来摸一摸老师给你们准备的这些物体表面的痕迹。（幼儿：蔬菜的表面有很多纹路，车子的轮胎表面很粗糙……）

（2）老师变魔法时间。瞧，一个积木变出来了。你们能猜猜老师是怎么变的吗？幼儿猜后，揭示谜底：拓印。

（3）幼儿通过触感摸到了很多不一样的物体的肌理，结合刚才自己观察到的万花筒的美丽图案，尝试用各种材料来进行创意对印、拓印、剪贴、拼图，运用丰富多彩的色彩构成一幅彩墨画综合作品——《万花筒的世界》。

3. 幼儿作画，教师指导

（1）教师巡回指导，鼓励幼儿大胆创作。

（2）引导幼儿使用毛笔添加花纹（对比色、同近色）。

4. 集体欣赏、交流、讨论拓印的经验

教师引导幼儿展示作品并互相欣赏评议，对画面清晰、整洁、造型和底版材料有创意的幼儿给予鼓励。

（1）你变出了什么画？你是用哪些东西拓印的？你是怎样拓印的？

（2）你运用了哪些色彩？

5. 活动延伸

请幼儿收集更多不同的材料，并将材料投放到班级美工区中，幼儿在进行区域活动时自行选择自己喜欢的材料进行拓印游戏。

七、活动反思

该活动是通过万物的痕迹来让小朋友了解大自然的多样化，每种物体的不同，因而构成一个丰富多彩的世界。选择用拓印的形式让小朋友们感受到每个物体的不同之处，认识到不同质感的物体用来画画会形成不同的肌理效果，小朋友的参与度和兴趣比较高。

幼儿作品。（见图6-5-3）

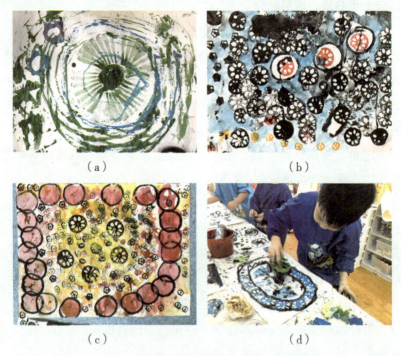

（a）　　　　　　　　　　　（b）

（c）　　　　　　　　　　　（d）

图6-5-3　大班水墨作品《万花筒里的痕迹》

活动4：大龙街好看好玩的"非遗"

——大班彩墨画活动教案

一、活动分析

感受非物质文化遗产蕴含的文化价值、历史价值和教育价值，本活动从幼儿生活所处的大龙街出发，在探索和学习中，感受非物质文化遗产的独特魅力，在小小的水墨作品中表达对非物质文化遗产的喜爱之情。

二、活动思路

本活动可采用以下流程：寻找大龙街好看好玩的非物质文化遗产—了解非物质文化遗产的由来—表达与创作—作品展示评价。

前期经验的积累很重要，只有了解了大龙街好看好玩的非物质文化遗产，才能创作出自己独特的作品。

三、活动目标

（1）在活动中引导幼儿认识大龙街好看好玩的非物质文化遗产，激发幼儿对非物质文化遗产的兴趣。

（2）学会小组创作，能够与其他幼儿交流、谦让、合作创作一幅画。

（3）在非物质文化遗产的探究学习中，感受水墨画与非物质文化遗产结合的魅力。

四、活动重难点

通过用超级大纸的集体狂画分组合作，促进幼儿的小组合作能力，在过程中更好地感受分组分段合作画画的乐趣。

五、活动准备

1. 经验准备

了解新桥广东醒狮、大头佛表演，沙涌鳌鱼舞等非物质文化遗产，并通过欣赏非遗项目表演和现场参与的方式加深对非遗的认识，为水墨画的创作作铺垫。

2. 物质准备

（1）非遗项目照片若干张。

（2）六尺全开宣纸、国画颜料、清水、毛笔、小毛巾、调色盘、浓墨和淡墨。

六、活动过程

1. 导入课程

（1）首先展示新桥广东醒狮、大头佛、沙涌鳌鱼舞的照片，激发幼儿对"非遗"的兴趣，然后再播放事先准备好的"非遗"的视频，通过一边观看视频，一边介绍这三种活动的特征与趣味，激发幼儿的创作欲望。

（2）播放完视频之后提出问题。例如，你们看到的狮子是什么颜色的呢？小朋友们觉得除了画还可以怎么来表现我们看到的舞狮呢？有没有其他表情的大头佛呢？鳌鱼身上有什么颜色呢？

（3）创设情境。让小朋友在准备好的六尺全开宣纸上作画，通过利用超级大纸的集体狂画分组合作，实现孩子小组合作能力的提升，在此过程中更好地感受分组分段合作画画的乐趣。有创意地完成对视频画和自己想象画的混搭表现，学习在自由大胆挥洒墨色之下与其他小朋友交流、谦让、合作，以及小组间合作，创作出一幅狂欢般的巨幅彩墨画。

2. 幼儿作画

（1）幼儿操作，教师巡回指导——以小组为单位。

（2）学会与人沟通交流一起创作。

（3）绘画时不要只固定在一个位置，要学会观察整张画面的效果。

3. 欣赏评价

（1）以小组为单位，幼儿介绍自己小组的作品内容。

（2）其他小组进行点评，说一说自己最喜欢哪一幅作品，为什么。

七、活动延伸

（1）美工区提供全开大宣纸，让幼儿集体创意狂画，开心地挥洒，融入不同墨色大胆表现。

（2）提供向王羲之、颜真卿、怀素的书法作品在区域环境中，让幼儿学习书法，并尝试将自己感兴趣的三五个字随意写在画上，感受书、画的融合魅力，激发幼儿的创作兴趣。

八、活动反思

本次活动需要分多课时来开展，虽然小朋友对"非遗"已经有了认知，但在表现过程中由于内容过多，有一部分小朋友的画面相对比较凌乱，没有突出重点，而且小组合作也有一定的难度。大家要一起配合，多创作几次。

幼儿作品。（见图6-5-4）

（a）

（b）

（c）

图6-5-4 大班幼儿小组画作品

活动5：我家到幼儿园的地图

——大班彩墨画活动

一、活动分析

金海岸幼儿园坐落在美丽的金海岸花园，小朋友也都住在金海岸花园，每天在上学路上都会有一些有趣的事情发生，也会看到很多好看的建筑和植物。此活动从幼儿的生活场景出发，更能激发幼儿的参与积极性，从而提升幼儿细致的观察力、表现力，同时提高幼儿发现美、表现美的能力。

二、活动思路

金海岸花园小区有大大小小若干个美丽的荷花池，还有喷泉、欧式小洋楼、波光粼粼的湖泊，高高的大王椰……小区分为六期，小朋友可能只对自己住的区域有所了解。所以活动开始前需要先与幼儿一起探秘金海岸花园，了解金海岸花园的布局—发现不一样的景物—怎么样画地图—探寻自己家到幼儿园会经过哪些地方。当幼儿有了一定的经验后才可以用水墨画形式来表现路线图。

三、活动目标

（1）在掌握有关地图知识的基础上，根据已有的经验学习用水墨画的形式来绘制家到幼儿园的地图，体验创造各种造型的快乐。

（2）了解幼儿园与家的空间联系，认识身边的自然环境。尝试用添画的方式来表现地图的趣味性，同时掌握色彩的运用。

（3）喜欢参与水墨画活动，激发幼儿热爱自然和发现身边事物的美。

四、活动重难点

能根据自己的感知经验，创造性地运用水墨画的形式来表现地图的趣味性，学会水墨画的绘画技巧，用勾线、擦、点、染去表现，合理运用鲜明的对比色彩，颜色搭配要协调、饱满。

五、活动准备

1. 经验准备

初步了解金海岸花园小区的布局，对地图的表现方式有初步的认识。

2. 物质准备

（1）毛笔、四尺三开大宣纸、国画颜料、水桶、墨汁、调色盘、吸水布。

（2）PPT课件。

六、活动过程

1. 引导提问，导入活动

（1）播放视频，引导幼儿欣赏视频（丽丽家到幼儿园的风景），了解路上各种各样的生物以及生活环境。

提问：你们家到幼儿园都有些什么？会遇到什么特别的建筑物？上学路上遇到了什么人？发生了什么事？（幼儿分享）

（2）引导幼儿欣赏地图照片，感受地图中不规则的分割线和丰富的色彩。（提问：你在地图中看到了什么？地图中的线条代表什么？这些色块代表什么？）

（3）教师示范路口的绘画方法，学会用水墨画的绘画技巧如勾线、擦、点、染去表现，感受色彩的魅力。

（4）启发幼儿想象路口可能出现的情景，如交通堵塞、遇到好朋友等，鼓励幼儿大胆表现独特的画面。

2. 幼儿作画，教师巡回指导

（1）幼儿自由选择小组或个人创作。

（2）幼儿大胆创作，引导幼儿大胆地用自己的方式表现路上的相关景物，对能力较弱的幼儿进行个别指导。

（3）鼓励幼儿运用不同的笔触、笔法和浓墨、淡墨画法来进行创作，充分发挥幼儿的想象力和创造力。

3. 集体欣赏、讨论、交流经验

（1）教师引导幼儿展示作品并互相欣赏评议，对学会绘画技法勾线、擦、点、染以及画面清晰、整洁、有创意的幼儿给予鼓励。

（2）幼儿介绍自己画的地图，运用了什么绘画技法？家到幼儿园的路上都有些什么？

4. 引发幼儿继续思考、探索

你身边还有什么有趣的地方？请小朋友带上爸爸妈妈一起探索好玩的地图，并把它画下来。

七、活动延伸

（1）美工区里提供对比色、近似色、同种色三组色，每组三种颜色，供幼儿在区域活动中大胆尝试感知色彩的运用。重在色彩的运用及点线面的运用。

（2）开展一到两次小组活动，用四尺八开大宣纸，把事物变为点线形的想象游戏，知道不规则形（乱七八糟形更好玩）的运用。

八、活动反思

本次活动前先进行了知识的铺垫，并用视频来导入本次活动的主题《我家到幼儿园的地图》，从而激发幼儿的探索欲望以及学习兴趣，然后再通过播放PPT让幼儿观看各种各样的地图来激发创作欲望。小朋友们都很喜欢彩墨画，在创作过程中初步掌握了绘画技法如勾线、擦、点、染，也学会了合理运用色彩。

幼儿作品。（见图6-5-5）

（a）

（b）

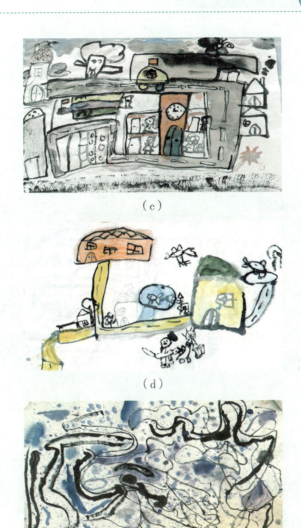

（c）

（d）

（e）

（f）

图6-5-5　大班幼儿作品《我家到幼儿园的地图》

活动6：我们在美术馆画幅画

——亲子活动方案

一、活动设想

培养孩子的审美，最好的方法就是带他们走进美术馆。我们的孩子，一定要当画家吗？当然不一定。学画是为了多一种表达自己的方式，不学画的也可以欣赏画。我们常常希望自己的人生体验更加丰富，而美术馆就能大大拓展我们的人生体验，在画中我们可以看到古代人或其他地方的人如何生活，可以看到同样题材在不同时代画家的笔下，可以有如此多彩的呈现方式。我们还可以看到世界的意义，在画框之内竟然可以颠覆、歪曲和延伸。

让我们一起带孩子走进美术馆，接受艺术的熏陶吧！

二、素材准备

去番禺博物馆、广东美术馆、广州艺术博物院等地参观。

三、活动要求

（1）根据3~6岁幼儿的发展特点，幼儿每次认真观赏一个小时左右就够了。

（2）组织跟观赏内容有关的动手活动。

——看了扇面，我们回家就做把扇子。

——参观美术馆时，家长与幼儿一起画一幅速写，用签字笔画。家长临摹，小朋友添加补充。

——领取一份宣传单，参观之后在庭院里画一幅速写，可以参考宣传单或者是记忆中的某件作品。

——教师收集每个人的宣传单，将宣传单张贴满墙，然后让小朋友用水墨在上面自由涂画，玩尽情涂画的游戏。

四、参观注意事项

（1）家长带孩子去美术馆重要的不是"学习"，而是"感受"，把美术馆当作一个休闲、放松的地方，而不是"第二课堂"。

（2）告诉孩子我们即将到达的这个场所，和医院、图书馆一样，说话要小声一点。里面有许多艺术作品，小朋友要尊重它们，用眼睛看而不是用手摸，地上会有一条标线，那条线就像游戏线一样不能超越。

（3）保持一颗放松的心，从孩子们有兴趣的角落开始。如果他们看见这幅画的边缘画了一顶帽子，家长们也可以分享自己的发现，"这里也有一个皇冠耶！"从熟悉、有趣的点展开对话。

（4）寻找一些有互动性的艺术品，因为作者也很期待与参观者间摩擦出火花，是孩子参观美术馆的入门秀。

（5）参观后，如果孩子有兴趣，可以继续讨论下去，或是以后再去看这个艺术家的展览。

五、具体活动安排

（略）

活动7：我们的水墨作品展览
——综合实践活动

一、活动设想

《指南》指出：每个幼儿心里都有一颗美的种子。幼儿艺术领域学习关键在于充分地创造条件和机会，在大自然和社会文化生活中加深幼儿对美的感受和体验。通过举办幼儿水墨画展，给幼儿一个展示自己的空间，既增加了幼儿的自信，使其感受到艺术的魅力，同时也提升了幼儿艺术审美和生活仪式感，而且在这个过程中，还能拓宽家长和孩子们对于艺术表现形式的认知，让家长们更直观地感受到孩子们的阶段性成果。这是给幼儿举办的一个非常有意义的活动，也会给幼儿带来不一样的感知体验。

二、活动主题

艺彩童年·古色韵香。

三、活动时间

2021年7月。

四、活动准备

（1）画展区12个（以班为单位的水墨形式为主的小小美术展览）。

（2）小朋友的美术作品每人1件以上，其中1件必须是水墨形式的，不限平面与立体，用于布展。

（3）活动场地及主题安排。（见表6-5-1）

表6-5-1 活动场地及主题安排

班　　级	摊位主题	材　　料
小一	青花韵	超轻黏土、笔、书画纸、纸盘、瓶子、颜料
小二	颜色蹦蹦跳	树叶、瓶子、芹菜
小三	巧手织梦	珠子、毛根、筷子、毛线、纸绳、雪糕棒
小四	和"纸"玩游戏	纸、剪刀、胶水
中一	大染坊	小方巾、染料、喷壶、手套、竹签、棉衣服三件
中二	泥巴变形记	超轻黏土、泥巴、拉坯机、纸碟、竹签
中三	童趣——水墨	宣纸、滴瓶、毛笔、国画颜料
中四	墨上开花——韵飞舞	吸管、碟子、A4纸、宣纸、笔、墨、吸油纸
大一	水墨包裹	泡沫体包裹、麻绳、竹签、手套、拍刷
大二	有板有眼	吹塑板、颜料、牛皮纸、滚轮、铅笔
大三	水墨飘香	纸盘、扇子、书画纸、伞
大四	七石二变	面谱、石头、树枝、葫芦、颜料、A4纸、水粉笔

五、场地安排

幼儿画展位置分布图。（见图6-5-6）

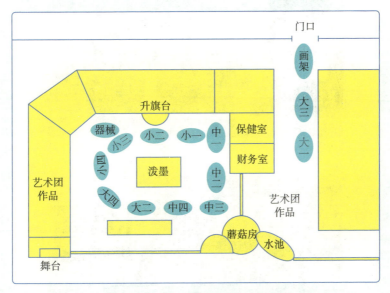

图6-5-6 幼儿画展位置分布图

六、人员安排

（略）

七、画展回顾

画展回顾。（见图6-5-7）

（a）

（b）

（c）

（d）

（e）

（f）

（g）

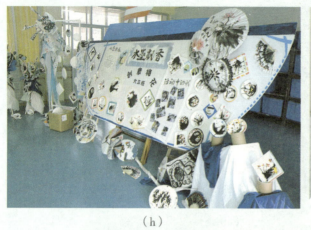

（h）　　　　　　　　　　　　　　　（i）

（j）

（k）

（1）

（m）

图6-5-7　画展回顾